U0104003

史學研究叢書・歷史文化叢刊

司馬遷的經濟史與經濟思想

——中國的自由經濟主義者

趙善軒　著

謹獻給先師宋敘五（1934-2016）教授

目次

序

　　趙善軒君在其著作《司馬遷的經濟史與經濟思想——中國的自由經濟主義者》，提出了很多嶄新的意見和理論，讀者可從另一角度看司馬遷的經濟學。

　　秦漢時期，中國的商業發展受到很多限制。商鞅變法，力主耕戰，所行的政策，基本上是重農抑商。秦統一天下，李斯就建議「百姓當家則力農工，士則學習法令辟禁」，明顯只容許小型手工業生存。可是，人口增長，貨物流動，又不得不容許商家運作，如鐵商卓氏、販賣牲畜的烏氏倮，甚至表揚賣丹砂的巴寡婦清。可見商業的發展是隨著社會的發展而行，並不是政府強遏下可制止的。漢高祖初立，亦刻意貶低商人地位，可是，社會穩定，自然催動商業活動，《史記・貨殖列傳》記載：「漢興，海內為一，開關梁，弛山澤之禁，是以富商大賈周流天下，交易之物莫不通，得其所欲。」足以看見當時商業之鼎盛。司馬遷生長在此時期，政府施行專賣以穩定收入，控制經濟發展。另一方面，人口增長，商業多元化，令司馬遷能據現實發表重要的經濟學見解，可算是難有後來者。

　　自春秋戰國至漢初時期的自由學術思想，令司馬遷有足夠的胸襟與見識，寫成《史記》中的〈貨殖列傳〉、〈平準書〉。漢武帝的新經濟政策，包括告緡錢、專賣、平準、均輸等，都由政府掌握了大部份經濟命脈，無異窒息了商業發展。很明顯，自漢武帝後，很難找到出類拔萃的商人。

　　司馬遷推崇漢初無為而治，用另一角度看，類似自由經濟主義。放任政策容易造成土地兼併，貧富懸殊，但司馬遷認為是利多於弊。作者認為司馬遷是受漢初無為而治的成功，而在〈貨殖列傳〉中對他生活的時代作出反諷；更指出讀者要在行文上看清司馬遷那些部份是客觀陳述，那些是表達了他的經濟思想，這樣才能深入理解司馬遷的經驗學觀念。

　　透過《史記》的記載，作者指出司馬遷認為人類追求財富是本性，認為人類的道德是與生俱來，並以類舉法，提出人類得到生活的滿足就呈現道德，最著名的理論是「衣食足，知榮辱」。當現代中國學者不斷研究外國學者，並推崇備至的時代，原來我國的司馬遷已具有超時代的見解。司馬遷的見解較亞當斯密（Adam Smith）的〈道德情操論〉早約一千八百年，較馬斯勞（Maslow）的〈需求層次論〉早約二千年。作者總結司馬遷的理論，人類求富是天性，富人未必不道德。以之印證於現實社會，此論亦得到驗證。

　　其次，作者比較班固《漢書》及司馬遷《史記》，明確指出班氏是貶商，司馬氏是重商。說明司馬遷的「素封」理論，側面贊揚憑自己實力而致富的商家。本書最吸引的地方是作者界定司馬遷形容經濟發展用詞的內涵，能釐清誤解，如「善者因之」的因字，應作因循解，還有是「利道」、「與之爭」等，倘理解錯誤，就誤解了司馬遷的史觀。作者並以「善者因之」，推敲司馬遷的經濟思想的內涵，如不反對監管、順應自然、有限度干預經濟等。

　　本書除比較司馬遷與亞當・斯密的經濟理論外，更讚賞司馬遷是忠實的史學家，將他所接觸的社會或材料，記錄下來，是現實的反映者。對於差不多同時期的班固，卻帶有貶意。

　　筆者認為本書確有獨到和過人之處，作者趙善軒對歷史同樣有一份忠誠，希望讀者能從本書對司馬遷有新的體悟。

楊永漢

序於香江孔聖堂

二〇一六年仲秋

甲　導論
路徑依賴與司馬遷的經濟思想

　　自百多年前的梁啟超以來，中國學者開始注意到司馬遷的經濟史論述中，帶有類近於西方古典學派的自由經濟主義的主張。百年來陸陸續續有一些歷史學者、經濟學家試圖比較司馬遷與經濟學的奠基者亞當史密（Adam Smith, 1723-1790）的異同。[1]然而，司馬遷注定不可能成為中國的經濟學之父，因為他沒有像亞當史密般有李嘉圖（David Ricardo, 1772-1823）、科斯（Ronald H. Coase, 1910-2013）、佛利民（Milton Friedman, 1912-2006）等學術巨人將他奠基的學問發揚光大，成為當世顯學。[2]司馬遷以歷史學家的身分無疑已是名垂千古，但他身為經濟學者，注定是孤獨的，他的自由經濟主張，在中國歷史長河中，被忽略、被輕視、被湮沒。

1　根據張文華統計，單是由一九九四年至二〇〇五年，已有一百三十多篇論文討論他的經濟思想，換言之，近年關於《史記・貨殖列傳》及太史公經濟思想的論文，已佔了歷來在大陸地區發表論文整體的七成，而其中重點大概歸納為以下幾點。第一、字句解釋；第二、體例研究；第三、經濟地理學；第四、商業倫理學；第五、工商經濟思想；第六、司馬遷與西方學人之比較等等。參見張文華：〈近十年來史記貨殖列傳研究綜述〉，《淮陰師範學院學報》（哲學社會科學版）第27卷第4期（2005年），頁530。

2　早在上世紀六〇年代，當時於新亞書院任教的宋敘五已對司馬遷的社會經濟思想作深入的討論，並初步指出司馬遷與西方經濟學家亞當斯密相似之處。（見宋敘五：〈從司馬遷到班固——論中國經濟思想的轉折〉，「中國經濟思想史學會第十屆年會」論文〔太原市：中國經濟思想史學會主辦，2002年9月20-23日〕。）近年，香港中文大學的經濟學家 Leslie Young 也提出類似的觀點，並從經濟學理論作了比較深入的分析，見 Leslie Young, "The TAO of Markets: SIMA QIAN and the Invisible Hand," *Pacific Economic Review* 1.2 (1996): 137-145. 此引起 Y. Stephen Chiu、Ryh-Song Yeh 等學者的興趣，觸發起一場國際期刊上的學術爭論，其重點在於司馬遷是否真的比亞當斯密早一千多年，提出超前的自由主義經濟思想。見 Y. Stephen Chiu & Ryh-Song Yeh, "Adam Smith versus Sima Qian: Comment on the Tao of markets," *Pacific Economic Review* 4.1 (1999): 79-84. 此後，這個課題在美國學術界引起了廣泛的討論，見 Ken McCormic, "Sima Qian and Adam Smith," *Pacific Economic Review* 4.1 (1999): 85-87. 其爭論在於司馬遷的思想是否已達到相當於西方古典經濟學的水平，可是由於他們是經濟學家出身，對古典文獻理解不足，只能根據白話文譯本為基礎，故其結論未必真的與司馬遷的原意相符。

學術一元　儒學壟斷

　　一切存在，皆有其合理性。千百年來，司馬遷的經濟主張，不受主流學者重視，是有其歷史原因。司馬遷著書立說之時，中國正值邁向大統一的初期，「超穩定結構」[3]尚在組建中，而司馬遷博覽群書，在他閱讀的書單中，絕大部分也是在中國四分五裂的春秋戰國，那個百家爭鳴的多元時代所寫成，各種學派的理論對他產生巨大的思想衝擊。學術自由是創造學問的根本，歷史上的學術盛世，往往是在大分裂的時代，政府權低落之時產生，如先秦時代、魏晉時期、清末民初等等。然而，中古時期佛學東傳，加上社會進入自然經濟階段，士人多關注玄學，而非經濟發展；民國之時，知識分子也把精力放在救亡代替啟蒙的意識形態之上，此與先秦之時，士人不斷思考如何富國強兵，促使百姓生活豐足自然有很大的不同。司馬遷就是吸收了諸子的學說，透過描寫先秦以來的經濟發展，來表達他個人的主張，以塑造心目中理想的世界。[4]

　　自由無為的道家學說，對司馬遷之影響至鉅。西漢初年，黃老之學大行其道，其論述極為適合百廢待興的漢初社會，故劉氏建政以

3　參見葉啟政：〈結構以外：歷史的社會學理路初探〉，《二十一世紀》第32期（1995年12月），頁39。

4　《史記》不是單純的歷史文學作品，如是，則司馬遷就不能與西方經濟學之父亞當斯密（Adam Smith, 1723-1790）等量齊名，因為司馬遷同樣是中國史上重要的思想家，他的思想發明也不是他一人之功，而是承繼了春秋戰國數百年自由開放的學術風氣而成，先秦諸子都不是單純的理論家，而是偉大的知識分子，他們試圖為世人尋找理想的生活模式，司馬遷受到他們的影響，故他在寫作〈貨殖列傳〉的同時，也試圖通過他的觀察和想像，勾劃出他心目中理想的社會經濟模型，故此，司馬遷雖然是依據歷史事實寫作，但當中不免夾雜他個人的主觀願望於其中，以便他向世人闡述他偉大的經濟思想。

來，黃老學說一直成為國家、社會的主流思想。漢興七十多年間，雖說黃老之學佔了上風，但百家之說仍有很大的進展，在那時代寫下許多傳世且不朽的著作。直至漢武帝百黜百家，獨尊儒術，自由的學術環境發生突變。熟讀儒學成為一般人入仕為官必要且充分的條件，政府利用「行政吸納政治」[5]，把民間潛在的反對力量，以功名利祿吸納在建制之內，以政治誘因使天下熙熙之士，令其以儒學為終生事業，不然則難以進入政府架構，甚至無法安身立命。魏晉的九品中正制度，隋唐以降的科舉制度，明清的八股取仕，大概仍是循此路而走。即使後人偶有發現一元的學術世界，難以培育出優異的治國人才，或有懷疑熟讀四書五經的士人，不具處理具體政事的常識，也只能作無奈之惋嘆。歷史上多次的選拔人才改革，終亦離不開以儒學本位，未有過翻天覆地之變化。受到舊有思維所限，加上壟斷儒學的既得利益階層的興起[6]，儒者又掌控了整個官僚架構，導致累積的「交易成本」（Transaction Cost）[7]愈來愈大，不易於改革制度，未能引導學術回歸

5　金耀基指出：「『行政吸納政治』是指一個過程，在這個過程中，政府把社會中精英或精英集團所代表的政治力量，吸收進行政決策結構，因而獲致某一層次的『精英整合』，此一過程，賦予了統治權力以合法性，從而，一個鬆弛的、但整合的政治社會得以建立起來。」金耀基：〈行政吸納政治——香港的政治模式〉，《中國政治與文化》（香港：牛津大學出版社，1997年），頁21-45。

6　漢代以經學作為入仕的主要途徑，漸漸掌握經學權威的家族成為了世家大族，累世公卿。東漢末年，有數個四世三公的家族，壟斷了政府的主要職業，家族勢力權傾朝野。到了魏晉南北朝，九品中正鞏固了世家的權力結構，因為品位評定者本是大族出身，他們以出身論人才，漸漸便成了門閥政治，時有「上品無寒門，下品無士族」的社會現象。

7　交易成本又譯為交易費用，當中又分為外生交易費用、內生交易費用兩大類。外生交易費用，是指在交易過程中直接或間接，產生且客觀存在的實體費用；內生交易費用，則指任何選擇下所產生的抽象費用，如道德、機會、心理等成本，其只能以概率，以及期望值來度量。本文所指的交易費用為廣義費用，即制度費用（Institutional cost）一類。

多元。明清僵化的考試制度變本加厲，其時，宋儒對經典的解釋壟斷了科舉入仕之門，更排斥一切非官方指定的內容出現在試卷之中。此中情況，即所謂經濟學上新制度學派的「路徑依賴」（Path Dependence）現象，因固有的交易成本不斷上升，人們往往懼怕放棄原來已投入的成本，令大量投資變得一文不值，成為了「沉沒成本」（Sunk cost），明知改革有機會帶來更巨大的效益，也放棄了制度改革的大好機會。一九九三年諾貝爾經濟學獎得主道格拉斯諾思（Douglass C. North, 1920-2015）認為，路徑依賴近於物理學中的「慣性」，若進入某路徑，即對此路徑產生依賴，因習性形成了許多既得利益以及利益團體，改變的交易成本逐漸增加，而此路徑的既定方向，會在以後發展中得到自我強化。[8]所以儒家集團壟斷的情況也不斷地自我強化，士人既掌握壟斷入仕的工具，子孫因而更容易入朝為官，他們成為了既得利益集團，自然排斥非世家以外的人晉身廟堂，這就形成中古門閥政治，他們當然不會輕易開放多元的學術環境。隨著科舉制度日趨成熟，社會流動看似打破了中古時代家族的寡頭壟斷，卻產生了廣大的士人階級優勢，形成分散卻龐大且具排他性的利益集團。根據何炳棣的研究，明代進士出身者為百分之五十，減至清代的百分之三十七點二；明代父祖三代為生員的百分之五十，清代則為百分之六十二點八。[9]何氏的研究明顯反映了士人階級的內在強化，他們當官後想辦法培訓子孫循相同的道路晉身官場，既擁有公權力，又是既得利益者，當然不會輕言改革，加入非正統儒學的學問進入政府，使其失去來之不易的社會地位。此情況一直到了帝國晚

8　Paul A. David, "Path dependence, its critics and the quest for 'historical economics'," in *Evolution and Path Dependence in Economic Ideas: Past and Present*, ed. P. Garrouste & S. Ioannides (Cheltenham, U.K. ; Northampton, Mass. : Edward Elgar, 2001).

9　Ho ping ti, *The Ladder of Success in Imperial China: Aspects of Social Mobility, 1368-1911* (New York and London: Columbia University Press, 1967), pp. 161-165.

期，康有為、梁啟超的維新運動，仍遭受到士人階級的極大反抗，可見從西漢至晚清大抵仍循路徑依賴而發展。

　　這大抵確定了兩千年來常態時期的政治格局。多元的學術環境逐漸走向單一，由開放轉入內向，非儒學著作成為社會的次文化，難登大雅之堂。司馬遷往後的學者，很難再像他般受到濃厚的學術氣氛啟迪。此後，士人多以獲政府吸納為終生目標，本書稍後討論到東漢的班固[10]，當他描述與司馬遷相同的史事，他高舉政府所主張的意識形態，大肆批評商業家，忽視工商業發展，甚至輕視農業副產品；另一代表性人是宋代的司馬光，他否定消費，漠視生活享受等推動經濟發展的人類天性，此與司馬遷肯定欲望的主張南轅北轍。[11]儒家舉著重農輕商的旗號，中華帝國長期推崇「農本思想」[12]，如司馬遷般關懷商業倫理[13]、社經發展以及經濟思想很難受到應有的重視。[14]

---

10 學者李埏認為班固是站在儒家正統的立場，宣揚「貴誼賤利」的思想。當然，司馬遷的思想與中國大多數的著作一樣，也是重結論而輕推論，他的結論往往有超前的突破，但因推論不成系統，自然難以與近代西方經濟思想完全等量。見李埏等：《《史記・貨殖列傳》研究》（昆明市：雲南大學出版社，2002年），頁144。

11 西方古典經濟學派中早有「私德公益說」，較少人注意到中國的司馬遷亦有提出類似的說法，但其學說在中國歷史上卻未產生深遠的影響。本書通過比較方法，將西方古典經濟學、司馬遷以及與司馬遷幾近相反的班固與司馬光加以比較，以司馬光、班固反襯司馬遷，試圖探視司馬遷對追求富貴、奢侈消費的觀念，而這主張是〈貨殖列傳〉中立論的根本，所謂「求富尚奢觀」，不是指他讚揚奢侈行為，而是肯定靠個人的努力而獲得高上的社會地位，並得以享受與王侯等同的「素封」生活。司馬遷亦提出了「素封」的新概念，為殷實商人抱不平，此為重農抑商時代的異數。

12 宋敘五〈從司馬遷到班固——論中國經濟思想的轉折〉：「但，非常不幸！由於學術、環境的轉變，中國的經濟思想作了一百八十度的轉變。從司馬遷到班固，作為兩個樣本來觀察，很明顯地看到：中國經濟思想，由樂觀、自由開放的性格，轉折入封閉、保守的方向；由肯定人類求利致富的本性，轉折入壓抑人類本性的方向；由重視百業轉折入農本主義的方向；由文人學者熱心討論經濟民生，轉折入避談經濟民生、恥談百工技藝的方向。」（頁23）

13 司馬遷〈太史公自序〉：「布衣匹夫之人，不害於政，不妨百姓，取與以時而息財

重農輕商　資本壓抑

　　除了學術由多單走向一元，原來在先秦以來開放的商業環境亦有同樣情況。西漢中晚期，為了解決漢武帝推行新經濟政策而造成嚴重蕭條，召開了兩場鹽鐵會議，這兩場辯論被人用文字記錄留傳了下來，漢宣帝時，桓寬對會議作了全面的整理，寫成《鹽鐵論》一書。據此書記載，會議中的民間知識分子，指出了專賣政策造成了經濟嚴重萎縮，專賣制令某些必須品成為了完全壟斷行業，由於缺乏競爭，導致價格昂貴，品質下降，百姓生計受到沉重打擊。據鹽鐵會議所述，專賣制推行以後，原本發達的商業境況不再，而朝廷在會議後一度廢止了新經濟政策，不過很快把專賣制度恢復過來，而東漢一朝亦嚴屬執行，以致開啟了後漢直至初唐，數百年工商業低迷的「中古自然經濟」時代。[15]眾所周知，專賣制會傷害社會經濟，又影響百姓生活，主事的桑弘羊在會議後一年，因權鬥而被政敵大將軍霍光殺死，而政策在漢元帝時暫停了三年，便旋即恢復，終漢一朝也沒廢除，更成為歷代的傳統。問題是，為何政府何不早早廢止它，反而一直保留，甚至不斷內在強化，一直到了現當代中國未廢止，成為了中國兩千年的傳統呢？

富，智者有采焉。作貨殖列傳第六十九。」見《史記》（臺北市：鼎文書局，1981年），頁3319。

14 司馬遷〈貨殖列傳〉：「今有無秩祿之奉，爵邑之入，而樂與之比者。命曰『素封』。封者食租稅，歲率戶二百。千戶之君則二十萬，朝覲聘享出其中。庶民、農、工、商、賈，率亦歲萬息二千，百萬之家則二十萬，而更徭租賦出其中。衣食之欲，恣所好美矣。」見《史記》，頁3272。

15 全漢昇：〈中古自然經濟〉，收於《中國經濟史研究》（臺北市：稻禾出版社，1991年）。

　　新經濟政策推出以來，民多疾苦，百姓對鹽、鐵、酒專賣感到厭惡。武帝一改漢初以來，容許民間自由買賣的做法，改為「民制官賣」的經營模式，其時人民被迫使用政府提供的製鹽工具，鹽由政府收購、運輸及出售，而私鑄鐵器煮鹽的人則會受到嚴刑懲罰。此外，鐵器全由政府壟斷，由採礦、冶煉、製作到銷售，都由官員一手包辦，中央由財政大臣（大司農）直接統領，地方則設置鹽官、鐵官，再於無礦山的縣內設小鐵官，由上而下管理全國鹽鐵事務。鹽鐵是生活的必需品，需求彈性極低，官營以後，供應減少勢必使價格上升，這等於增加了間接稅收，直接加重人民的負擔。

　　當時，人民對平準、均輸、告緡等政策多有不滿，政府希望多聽他們的意見，以作檢討。年僅十四歲的漢昭帝下旨，召集郡國所舉的賢良文學，徵詢他們的意見。是次會議實由大將軍霍光在背後推動，命丞相田千秋主持「經濟會議」，由賢良文學為一方，對漢武帝留下的輔政大臣御史大夫桑弘羊等人的政府代表，重點討論當代社會經濟現況，也旁及國家的發展方向，以及用兵匈奴的合理性、王道與霸道的取捨、禮治與法治的高下，以及古今人物評價等重大議題。桑弘羊本是商人之子，理應是反對新經濟政策的最大力量，但他與孔僅、東郭咸陽等富商在武帝朝先後獲吸納進入建制核心，成了新經濟政策中的推手。

　　自漢武帝的新經濟政策推行以來，專賣制一直支撐著政府龐大的預算，如漢武帝泰山封禪、多年來的南征北伐等非經常性開支。東漢以來，士人政府日漸成熟，官僚架構變得愈來愈龐大，士人階層更成了巨大的利益集團，令政府編制擴大，使得經常性開支大幅增加，加上專賣制，既能為官僚權貴貪污提供便利，又可應付沉重的軍費，東漢也恢復了經營西域，所費當然不菲。故此，雖然開明的知識分子屢屢提出發展工商業可使百姓生活改善，而他們早就明白到開放市場又

可促進市場發展，但因為放棄專賣制的成本增加，使政府從不願放棄沉沒成本，專賣制度的路徑因此變得更堅固，而執政者始終沒有改革的意志。到了宋代，甚至把茶葉也納入專賣制之內。至於食鹽專賣，至當代中國，仍未完全廢止，此現象也可以路徑依賴解釋，因政府藉專賣而產生巨大的收入，而放棄它的機會成本（opportunity cost），就是要縮減政府開支，慣於花費的官僚機構絕不會輕易改革，即使開放市場有利於百姓生計，但為官者所考慮的是維持大統一政府的經費，而非人民的福祉。如此，壟斷性的經濟政策進入了路徑之中，而且不斷內在強化，扼殺多元而自由的的市場發展。

國學大師錢穆於《中國文化史導論》指出：「中國社會從秦、漢以下，古代封建貴族是崩潰了，若照社會自然趨勢，任其演變，很可能成為一種商業資本富人中心的社會。這在西漢初年已有頗顯著的跡象可尋。」[16]自西漢以後，中國經濟受專賣以及干預主義的路徑依賴，使本來發展形勢大好的經濟發展，陷入長期有增長而無發展的格局，而增長往往只是受惠於人口的上升或糧食（新品種的引入）的增加，而非商業發達導致資本累積，或生產技術的革命，即是西漢以後大多數時期，經濟發展是屬於量變，而非質變。誠如歷史學家唐德剛所言：「那在西漢初年便已萌芽了的中國資本主義，乃被一個輕商的國家一竿打翻，一翻兩千年，再也萌不出芽來。」[17]

總結

為了維持大統一國家以及其高昂的經營成本，專賣制等與民爭利的經濟政策，就得一直維持下去。同時，隨著國家的領土、人口壯

---

16 錢穆：《中國文化史導論》（臺北市：臺灣商務印書館，1993年），頁128。
17 唐德剛：〈論國家強於社會〉，《開放》1999年5月號。

大，管治的交易成本亦大幅上升，為了壓低管理成本，中國走向了威權管治的模式，而儒學也成了法家化。當國土愈大，人口愈多，政府的威權更見明顯，尤是帝國晚期，專制傾向更明確，形成「君尊臣卑」以及「反智」的狀態。知識分子在政治壓力下，更難提出非主流意識形態的經濟學說。

司馬遷作為中國商業百花齊放的時代見證，他受開放的商業、人文氣氛啟發，發表了許多重要的見解，但隨著自由的社會，轉入內向、壟斷、保守的路徑依賴之中，像司馬遷的創作空間也不再，故他身後的學者亦無法像他觀察多元的經濟，並抒發胸中所想，無怪司馬遷以後再無司馬遷。

第一章
春秋戰國漢初以來的社會狀況

　　中國大陸學者李埏指出，司馬遷（西元前145-？）於〈貨殖列傳〉所涉足的年代，主要起於春秋晚期，即西元前五世紀，到西元前一一四年為止，即是漢武帝採納楊可告緡那一年，此應並無太大爭議，本文亦按此為討論重心。

　　此階段後，〈貨殖列傳〉中反映數百年的商品經濟時代被漢武帝一下子打得元氣大傷，司馬遷也感到沒有什麼可以再寫，故就此擱筆，從寫作手法角度看來，此實乃示以無聲的抗議[1]，可見他的文學性之強，在寫作時個人的主觀意志，完全左右了他的寫作態度。

　　春秋以來的數百年，中國長久處於諸侯混戰的歷史狀態，各國飽受戰亂，人民生活苦不堪言，但從思想家、文化人、商人的角度而言，這時期卻是中國歷史上罕有的黃金時代，是百家爭鳴、賢人輩出的新紀元。司馬遷在《史記》〈貨殖列傳〉提出了許多偉大的思想，可是這些主張不可能是司馬遷一人所發明，而是吸收了這數百年傑出的思想家以及觀察歷史規律而來。這時期，社會出現了巨變，由自給自足的封建社會，逐漸轉為截然不同的時代，其中重點如下：

第一節　學術思想相對自由

　　春秋戰國時代，諸國競爭激烈，攻訐不斷。為了提升競爭力，各

---

[1]　李埏等：《《史記‧貨殖列傳》研究》（昆明市：雲南大學出版社，2002年），頁16。

國對人才需求殷切，在供求定律下，人才應運而生。正是如此，諸侯
國君對於游士的態度也比較尊重。諸子百家爭鳴，雖然未必真的做到
和而不同，也偶有爭論，但大抵亦抱持並存不相害的態度。相對漢武
帝獨尊儒術以後的千百年，諸子學說不容於主流的公共討論空間，政
府壟斷了言論，製造「話語霸權」，扼殺了多元思想生成。司馬遷生
於思想較為開放的漢初，耳濡目染不同學派的思想學說的平臺。因百
家爭鳴乃需要吸收豐富的學術營養，這才會生出多元而燦爛的思想，
故司馬遷的前半生在此環境下長大，他才可以寫下有別於官方意識形
態的文章。後代的歷史學家，不單在思想定於一尊的環境下成長，更
加受到政府的選士制度左右，被政府有意地「以行政吸納政治」，以
考試把知識分子的思想牢牢控制。更嚴重的是，隨著皇權日漸強化，
士人地位愈趨卑微，統治者更以文字獄打壓言論自由，知識分子就失
去了健康的環境，所以司馬遷以後就再無司馬遷了！

第二節　商品經濟的時代

　　商品經濟是私有經濟的必然產物，在此以前，在「公有經濟」的
模式下，一切產業屬於國家所有，土地財產通過權力佔有的方法壟
斷，並以世襲的方式傳下去，在公有經濟的年代，市場活動微弱，商
人的影響力低微，也無法表現身手。惟春秋以來，封建制遭受嚴重破
壞，政府已經無法有效地控制局面，私有產權制度日益普遍，在此趨
勢下，政府也不得不面對現實，魯國於西元前五九四年率先向私有財
產擁有者開徵「初稅畝」的稅項。[2] 把土地私有化歸咎於商鞅變法是

2　司馬遷：〈十二諸侯年表〉，《史記》，頁619。

完全不正確³，董仲舒著名的奏折⁴，反映了他對歷史的錯誤理解，也違反經濟原理，因為從公有經濟走向私有化，不是單單以人為因素可以左右大局，這是人類經濟活動的必然發展，隨著人口日益增加，政府對人民的管治的交易成本就越高，官方瞭解人民的訊息成本極高，最後，政府就得接受私有化的現實。既然私有化的出現，商人階層也乘時而起，商人也在競爭的環境下長成起來，他們為了應付劇烈的競爭，就發明出許多營商理論，這些素材因司馬遷開創為商人立傳的傳統而保留下來。眾所周知，只有在競爭的環境下，才可迫使人類努力求存，只有如此，人才就會輩出。另外，春秋戰國之時，各國紛亂，政府的威望普遍不高，大部分國家對商人的干預也相對少，但到了漢武帝之後，中國長期實行威權主義管治，政府不斷干預營商環境，最嚴重的是告緡政策，令到大部分商人立時破產。此後千百年，隨著干預主義主導了中國歷史，商人若不勾結官員，也難獨善其身，故此，商人欠缺合理的環境繼續成長，《史記》以後的〈貨殖傳〉，也沒有豐富又精彩的材料可寫。

第三節　社會「上流」的時代

套用社會學的概念，當時是屬高社會流動性（Social Mobility）

3　司馬遷〈六國年表〉載西元前三四八年，秦國「初為賦」。見《史記》，頁724。

4　《漢書》〈食貨志〉：董仲舒說上曰：「春秋它穀不書，至於麥禾不成則書之，以此見聖人於五穀最重麥與禾也⋯⋯」又言：「古者稅民不過什一，其求易共；使民不過三日，其力易足。民財內足以養老盡孝，外足以事上共稅，下足以畜妻子極愛，故民說從上。至秦則不然，用商鞅之法，改帝王之制，除井田，民得賣買，富者田連仟伯，貧者亡立錐之地。又顓川澤之利，管山林之饒，荒淫越制，踰侈以相高；邑有人君之尊，里有公侯之富，小民安得不困？又加月為更卒，已復為正，一歲屯戍，一歲力役，三十倍於古；田租口賦，鹽鐵之利，二十倍於古。」（頁1137）

的年代，春秋戰國至西漢是充滿機會的時代，只要努力，人人都有機會從身無分文的平民，成為富可敵國的商人，司馬遷於〈貨殖列傳〉說：「財作力，少有鬥智，既饒爭時，此其大經也。」[5]他在解釋春秋晚期的巨富陶朱公成功之道時，就指出他「故善治生者，能擇人而任時」[6]。由此可見，當時商業人才與政治人才一樣，只要有能力，就可得到社會上流的機會。至於如何做到「上流」呢？文人武士可為食客游士，像張儀般為諸侯國君出謀獻計，或者獲拜為大將，在戰場建功立業，那商人又如何自處呢？[7]從〈貨殖列傳〉來看，商人要成功上流，同樣要依賴智慧與勇氣，著名的商業理論家白圭，更提出做生意與行軍打仗一樣，都要講究謀略[8]，他更提出了千古不朽的「人棄我取，人取我與」[9]理論，他主張低位吸納，高價而沽的高風險、高回報的投資策略。正是這個充滿機遇的時代，留下了許多寶貴的智慧，若非司馬遷首創商人傳紀，後人也無從得知。故此，〈貨殖列傳〉是一篇極具份量的歷史學作品，是我們研究先秦漢初社會的重要材料。然而，隨著商業的沒落，要達致上流，只能依靠功名，讀書進士是沒有太多選擇中方法，自漢武帝以降，《漢書》〈儒林傳〉所載的人物，漸漸比起〈貨殖傳〉為多，足見社會已發生了巨變，由多元趨向一元，一改春秋戰國以來的格局。[10]

5　司馬遷：〈貨殖列傳〉，《史記》，頁3272。

6　同前註，頁3257。

7　許倬雲：〈春秋戰國的社會變動〉，收於《求古編》（臺北市：聯經出版事業公司，1982年），頁319-352。

8　司馬遷〈貨殖列傳〉：「白圭，周人也。當魏文侯時，李克務盡地力，而白圭樂觀時變，故人棄我取，人取我與……故曰：『吾治生產，猶伊尹、呂尚之謀，孫吳用兵，商鞅行法是也。是故其智不足與權變，勇不足以決斷，仁不能以取予，彊不能有所守，雖欲學吾術，終不告之矣。』」見《史記》，頁3258-3259。

9　同前註。

10　錢穆：《國史大綱》（北京市：商務印書館，1996年），頁146。

第四節　「貨幣經濟」的時代

　　所謂「貨幣經濟」（Monetary Economy），顧名思義，是以貨幣為主要交易媒介的時代，而人民也以金屬貨幣為追求的目標。[11]現代貨幣學中，一般認為貨幣經濟的前提有以下三點：一、社會上大多數人在交易行為中使用貨幣。二、支付或收受貨幣已經成為一般人日常生活中的主要內容。三、政府及私人的收支行為以貨幣為重要手段。貨幣本身亦成為商品，用作放貸，收取利息，成為商人的生財之道，即〈貨殖列傳〉所載的「子錢」（借貸）與「子錢家」（借貸商人）[12]，這是資本主義萌芽的特徵。「貨幣經濟」是相對於自然經濟，而自然經濟的特點是自給自足，不假外求。經濟史學家全漢昇教授指出：「魏晉南北朝至中唐是『自然經濟』佔主導的時代，布帛及穀物等實物取代貨幣成為主要的交易媒介，各地方政權的財政收入也是以實物為徵收單位。」[13]可以這樣理解，魏晉以前，中國乃屬於「貨幣經

---

11 漢武帝之時，「名稱主義」（Nominalism）與「金屬主義」（Metallism）的貨幣同時並存。武帝於元狩年間（西元前122-前117）造皮幣及赤側錢，就是「名稱主義」貨幣。當時「名稱主義」初顯身手，但由於社會缺乏了解及政府推行手法不善，故以失敗告終。此後，人們對「名稱主義」失去信心。反而更依賴金屬實物作為交易媒介，即時人所謂的「重實輕虛」。參見宋敘五：《西漢貨幣史》，頁120。

12 司馬遷〈貨殖列傳〉：「魯人俗儉嗇，而曹邴氏尤甚，以鐵冶起，富至巨萬。然家自父兄子孫約，俯有拾，仰有取，賈貸行賈遍郡國。鄒、魯以其故多去文學而趨利者，以曹邴氏也。」「塞之斥也，唯橋姚已致馬千匹，牛倍之，羊萬頭，粟以萬鍾計。吳楚七國兵起時，長安中列侯封君行從軍旅，齎貸子錢，子錢家以為侯邑國在關東，關東成敗未決，莫肯與。唯無鹽氏出捐千金貸，其息什之。三月，吳楚平，一歲之中，則無鹽氏之息什倍，用此富埒關中。」見《史記》，頁3279-3280。

13 全漢昇：〈中古自然經濟〉，收在《中國經濟史研究》（臺北市：稻禾出版社，1991年），頁99。按：例如「租」是以穀物為徵收單位，而「調」則以布帛為主，至於「庸」則是以力役為主；至於社會方面由於地域上的差異，東晉南朝穀物以稻米為主，北朝則仍如兩漢以粟為主。南朝宋、齊、梁時因商業「貨幣經濟」有所發展，曾向官吏支付貨幣，但實物仍是俸祿的主要內容和基礎。

濟」年代，準確一點說，春秋戰國至西漢中期的數百年，是「貨幣經濟」的時代，而西漢晚期起，「貨幣經濟」開始衰落，一直到了東漢以後，從「貨幣經濟」到了的未章，慢慢步向中古自然經濟的階段。司馬遷的〈貨殖列傳〉正是記載這個時代下商人生財之道，而〈平準書〉則以通貨經濟為主線[14]，在司馬遷眼中，農業也是商品之一不但有用值（use value），也有換值（exchange value），屬於廣義的農業，因為農產品都可以當作商品賣買，一切都有市場價值。[15]到了班固身處的東漢，「貨幣經濟」已走向衰落，他否定農副產品，應為小農經濟亦壓倒了商業，故班氏寫下以小農經濟為主的〈食貨志〉[16]，以別於司馬遷的〈平準書〉。

第五節　小結

　　總而言之，司馬遷雖然身於西漢之世，但離戰國不遠，加上他是史官的身分，有幸接觸先秦以來的歷史文獻，長期浸淫於諸子百家的學術思想以及春秋戰國歷史文化之中，而西漢初年學術思想尚未定於一尊，士人的思想尚比較開放，一般都未有固定而封閉的意識形態，司馬遷就是長期吸收這些資訊，形成他既多元又深刻的思想，寫成〈貨殖列傳〉，是為中國歷史上首部商人史傳。

---

14 司馬遷〈太史公自序〉：「維幣之行，以通農商；其極則玩巧，并兼茲殖，爭於機利，去本趨末。作平準書以觀事變，第八。」見《史記》，頁3306。

15 司馬遷提到的農業是相當廣義的，包括一些農作物，不論是奢侈品與必需品也在其中，〈貨殖列傳〉：「故曰：陸地牧馬二百蹄，牛蹄角千，千足羊，澤中千足彘；水居千石魚陂；山居千章之材，安邑千樹棗，燕、秦千樹栗，蜀、漢、江陵千樹橘，淮北、常山已南、河濟之間千樹萩，陳、夏千畝漆，齊、魯千畝桑麻，渭川千畝竹；及名國萬家之城，帶郭千畝畝鍾之田，若千畝巵茜（染料），千畦薑韭，此其人皆與萬戶侯等。」見《史記》，頁3272。

16 《漢書》〈食貨志〉說：「洪範八政，一曰食，二曰貨。食謂農殖嘉穀可食之物。貨謂布帛可衣，及金刀龜貝，所以分財布利，通有無者也。」（頁1117）

第二章
漢武帝的新經濟政策

司馬遷不論是在〈平準書〉抑或是〈貨殖列傳〉，也只寫到漢武帝中期為止，即新經濟政策推行不久以後即擱筆，而比起其他紀傳，這兩篇文章收筆的年份比較早。筆者認為，此很可能是因司馬遷認為新經濟政策推行以後，政府與民爭利，商人大多破產，官員侵吞民利，殘民自肥，遂收購土地，成為地主，經濟發展從此大大倒退，司馬遷在此停筆，實是以示無聲的抗議，也反映此後商業發展停滯不前，往後的史家也寫無可寫的現實情況，此文學家主觀的情緒渲染的味道，亦帶有一定的諷刺性。故我們在分析〈貨殖列傳〉前，非要先將新經濟政策了解一番不可。

第一節　楊可告緡

漢武帝在位之時，積極用兵四夷，他生性好大喜功，泰山封禪又花費一大筆經費，導致國家財政入不敷出，為了滿足他無窮的慾望，故不得不推行新經濟政策，以增收入，內容大抵如下：

負 責 人	政 策	推 行 年 份
眾官員	號召募捐	西元前120年
眾官員	算緡錢	西元前119年
楊可	告緡錢	西元前117年
孔僅、東郭咸陽	鹽鐵專賣	西元前118年
桑弘羊	平準、均輸	西元前115年

　　先是漢武帝於元狩三年（西元前120）想過號召商人自願募捐[1]，但欠缺誘因下，反應自然不太理想，政府只好再想其他方法開源，故此增加稅種，在元狩四年（西元前119）首次徵收「緡錢」。[2]

　　《史記》〈平準書〉記載了當時官員的建議，其謂：

> 異時算軺車賈人緡錢皆有差，請算如故。諸賈人末作貰貸賣買居邑稽諸物，及商以取利者，雖無市籍，各以其物自占，率緡錢二千而一算。諸作有租及鑄，率緡錢四千一算。非吏比者三老、北邊騎士，軺車以一算；商賈人軺車二算；船五丈以上一算。[3]

簡單來說，「緡錢」就類似現代的資本稅，按規定，囤積商人每二千錢貨物就收一算，而一算是一百二十錢，稅率約百分之六，即使比起漢初一五而一的田租，其實也不算很高。從事工商業者，賺得每四千錢才收一算，稅率約百分之三。值得注意，與現代一樣，擁有交通工具者也要納稅，可見「緡錢」不只是收入稅，而是資本稅。不論古今，政府向人民徵收「資本稅」有一定的合理性。但問題來了，商人自行報稅，準確性一定很低。政府對漏報的搜尋成本很高，沒有被抽查的商人便心存僥倖，出現搭便車問題（Free rider problem）[4]。即使

1　司馬遷〈平準書〉：「其明年，山東被水菑，民多飢乏，於是天子遣使者虛郡國倉廥以振貧民。猶不足，又募豪富人相貸假。尚不能相救，乃徙貧民於關以西，及充朔方以南新秦中，七十餘萬口，衣食皆仰給縣官。數歲，假予產業，使者分部護之，冠蓋相望。其費以億計，不可勝數。於是縣官大空。」見《史記》，頁1425。

2　《漢書》〈武帝紀〉：「有司言關東貧民徙隴西、北地、西河、上郡、會稽凡七十二萬五千口，縣官衣食振業，用度不足，請收銀錫造白金及皮幣以足用。初算緡錢。」（頁178）

3　司馬遷：〈平準書〉，《史記》，頁1430。

4　此為經濟學的常見概念，指不付成本而坐享他人之利。常見的是例燈塔例子，某些船公司不願興建，而寄望其他人興建，而最後不興建者可獲得同樣的服務。

在現今社會，官僚制度較完善，資訊科技減低了交易成本，但要查明瞞稅也不容易，何況是二千多年前，故同時設有罰則，打擊虛報與匿報，司馬遷說：

> 匿不自占，占不悉，戍邊一歲，沒入緡錢。有能告者，以其半畀之。賈人有市籍者，及其家屬，皆無得籍名田，以便農。敢犯令，沒入田僮。[5]

上文「自占」一詞，是指人民得自行申報資本稅，若被發現不報者或虛報者，不但要發配邊疆，更要沒收財產，最特別的是，政府根本難以查得人民是否虛報，為了補此不足，故漢武帝採用了楊可建議的「告緡令」，鼓勵商人身邊的人主動告發，最奇怪的是，告發者可分得被告者一半的家產。如此一來，就會誘使家人爭相告發，甚至胡亂舉報，奴婢告主人，家人鄰里互相告發等情況也是不難想像，終令到人人惶惶不可終日社會撕裂告發者的成本低，回報高，故大部分商人因此而破產，後起的商人也失去信心，不願再投資工商業，據司馬遷記載：

> 卜式相齊，而楊可告緡徧天下，中家以上大抵皆遇告。杜周治之，獄少反者。乃分遣御史廷尉正監分曹往，即治郡國緡錢，得民財物以億計，奴婢以千萬數，田大縣數百頃，小縣百餘頃，宅亦如之。於是商賈中家以上大率破，民偷甘食好衣，不事畜藏之產業，而縣官有鹽鐵緡錢之故，用益饒矣。[6]

5　司馬遷：〈平準書〉，《史記》，頁1430。
6　司馬遷：〈平準書〉，《史記》，頁1435。

其實,「告緡令」根本是違反了「緡錢」的原意,「緡錢」的罰則是對有意隱瞞稅者的威嚇,而「告緡令」則鼓勵人人互相告發,製造白色恐怖。從上文「中家以上」一語可知,「告緡令」一出,不單對於大富之家構成嚴重威脅,一般生活較好的中等人家,也因受到此政策之影響而大多破產。上文所講的杜周,是當代有名的酷吏[7],而「獄少反者」一句,是指很少人能夠推翻隱匿不報的指控,可見打擊面是相當之大,受害的人也極多。漢武帝在元狩六年至元鼎四年(西元前117-前113)推行全國性的「告緡令」[8],政府由此而沒收得以億計的物資,又沒入奴婢成千上萬,每個縣所沒收的田地以百頃計。自此之後,政府的收入大大增加,解決了用度不足的困難,但〈貨殖列傳〉所代表持續發展的工商業時代從此萎頓,資本主義也被消滅於萌芽之中。

漢武帝為了增加國家收入,可真是不惜一切,今檢《漢書》〈酷吏傳〉〈義縱〉:

> 義縱,河東人也⋯⋯後會更五銖錢白金起,民為姦,京師尤甚,乃以縱為右內史,王溫舒為中尉。溫舒至惡,所為弗先言縱,縱必以氣陵之,敗壞其功。其治,所誅殺甚多,然取為小治,姦益不勝,直指始出矣。吏之治以斬殺縛束為務,閻奉以惡用矣。縱廉,其治效郅都。上幸鼎湖,病久,已而卒起幸甘泉,道不治。上怒曰:「縱以我為不行此道乎?」銜之。至冬,楊可方受告緡,縱以為此亂民,部吏捕其為可使者。天子聞,使杜式治,以為廢格沮事,棄縱市。[9]

7　《漢書》〈杜周傳〉:「杜周,南陽杜衍人也。義縱為南陽太守,以周為爪牙,薦之張湯,為廷尉史。使案邊失亡,所論殺甚多。」(頁2659)

8　宋敘五:《西漢的商人與商業》,頁131。

9　班固:《漢書》,頁3654-3655。

從上引文可見，漢武帝對時任南陽太守義縱雖然早有種種不滿，惟義縱被判死刑的罪名，是公開非議「告緡令」，妄議大政，在漢武帝的心目中，新經濟政府是絕對不可受人質疑，因為質疑它，即代表否定武帝一朝所有擴張政策的財源，損害了路徑依賴。偏偏義縱指出此政策實在擾民，他亦因觸怒武帝而遭棄市，此可見武帝推行此政策之決心。當然，楊可也沒有令漢武帝失望，為國家充實了國庫，而一向推崇自由主義的司馬遷，雖然對干預政策感失望，在文字中不時表露厭惡，但身為忠誠的史學家，他也不得不承認此政策大大增加了國家的收入，他說：

> 及楊可告緡錢，上林財物眾，乃令水衡主上林。上林既充滿，益廣。是時越欲與漢用船戰逐，乃大修昆明池，列觀環之。治樓船，高十餘丈，旗幟加其上，甚壯。於是天子感之，乃作柏梁臺，高數十丈。宮室之修，由此日麗。乃分緡錢諸官，而水衡、少府、大農、太僕各置農官，往往即郡縣比沒入田田之。其沒入奴婢，分諸苑養狗馬禽獸，及與諸官。諸官益雜置多，徒奴婢眾，而下河漕度四百萬石，及官自糴乃足。[10]

司馬遷也不能否認上林充實和官糧豐足的情況。事實上，當時因得到大筆額外的一次性收入，政府因此可以擴建上林、興建昆明池、修建樓船，也可為南征百越作好準備，滿足了漢武帝窮兵黷武的慾望，難怪他對非議此政令的人往往趕盡殺絕。同時，各機構分得沒入的田地、奴婢、家禽，充實財政收入，總之就滿足了當時早已捉襟見肘的國家財政，此現象不斷內在強化、終成為歷史常態。

---

10 司馬遷：〈平準書〉，《史記》，頁1436。

第二節　鹽鐵專賣

　　初稅緡錢打開了新經濟政策的序幕，此後一年，即元狩五年（西元前118），打破了商人子弟不得為官的傳統，馬上任命鹽鐵巨賈東郭咸陽、孔僅為大農丞，領鹽鐵事務，儼如招安政策，負責鹽鐵的官員多數是商賈出身[11]，把最大的反對勢力納入建制之內，實行以商制商，並由他們推行專賣政策，司馬遷說：

> 於是以東郭咸陽、孔僅為大農丞，領鹽鐵事；桑弘羊以計算用事，侍中。咸陽，齊之大煮鹽，孔僅，南陽大冶，皆致生累千金，故鄭當時進言之。弘羊，雒陽賈人子，以心計，年十三侍中。故三人言利事析秋豪矣。[12]

同書又記載了孔僅、咸陽之言：

> 「山海，天地之藏也，皆宜屬少府，陛下不私，以屬大農佐賦。願募民自給費，因官器作煮鹽，官與牢盆。浮食奇民欲擅管山海之貨，以致富羨，役利細民。其沮事之議，不可勝聽。敢私鑄鐵器煮鹽者，釱左趾，沒入其器物。郡不出鐵者，置小鐵官，便屬在所縣。」使孔僅、東郭咸陽乘傳舉行天下鹽鐵，作官府，除故鹽鐵家富者為吏。[13]

在政府的設計中，是採用「民製官賣」的經營模式，一改漢初以來，

11　《史記》〈平準書〉：「吏道益雜，不選，而多賈人矣。」（頁1429）
12　司馬遷：〈平準書〉，《史記》，頁1428。
13　司馬遷：〈平準書〉，《史記》，頁1429。

民間自由買賣的做法，人民必須使用官方提供的製鹽工具，由政府收購、運輸、出賣，並以嚴刑懲罰私鑄鐵器煮鹽的人。鐵的官營則全由政府壟斷，由採礦、冶煉、製作、銷售都是由官員一手包辦，中央由大司農直接統領，地方則設置鹽官、鐵官，再於無礦山的縣內設小鐵官，由上而下管理全國鹽鐵事務。鹽鐵是生活的必需品，需求彈性極低，官營以後，供應減少勢必使價格上升，即等於增加了間接稅收，加重人民的負擔。

　　司馬遷在〈貨殖列傳〉中，明確記下漢代巨賈而載明行業的共有九人，其中從事鹽業者一人，鐵業者四人，約佔了一半以上，可見在漢初之時，鹽鐵工業是何等旺盛。由於經營者眾，再由業界直接或間接僱用的人數定必以千萬計，是農業以外最具規模的行業。鹽鐵實行官營以後，鹽鐵富豪當然徹底絕跡，更造成大量的失業，雖然政府有限度吸納了一些勞動力，但在失去競爭下，職位減少是必然的趨勢，迫使他們（工、虞）重回農業，可是漢武帝之時，土地兼併已經很嚴重，忽然有大量勞動人口湧入，勢必造成嚴重的生活壓力，加上戰事連連，雖然國家軍費充足，不用向人民徵收直接稅[14]，但經濟緊縮，加上間接稅繁重，使得民不聊生，文景之世社會物阜民豐的盛況不再[15]，只因專賣政策確有利於國家財政，並且不斷強化，走入路徑依賴，故一直延續至後世不斷，成為歷史傳統。

14　《鹽鐵論校注》〈非鞅第七〉：「鹽、鐵之利，所以佐百姓之急，足軍旅之費，務蓄積以備乏絕，所給甚眾，有益於國，無害於人。」（頁93）

15　《漢書》〈食貨志〉：「成帝時，天下亡兵革之事，號為安樂，然俗奢侈，不以畜聚為意。」（頁1142）《鹽鐵論校注》〈非鞅第七〉：「文學曰：『昔文帝之時，無鹽、鐵之利而民富；今有之而百姓困乏，未見利之所利也，而見其害也。且利不從天來，不從地出，一取之民間，謂之百倍，此計之失者也。無異於愚人反裘而負薪，愛其毛，不知其皮盡也。夫李梅實多者，來年為之衰；新穀熟而舊穀為之虧。自天地不能兩盈，而況於人事乎？故利於彼者必耗於此，猶陰陽之不並曜，晝夜之有長短也。』」（頁93）

新經濟政策的主要推手桑弘羊在《鹽鐵論》說：

> 諸侯以國為家，其憂在內。天子以八極為境，其慮在外。故宇
> 小者用菲，功巨者用大。是以縣官開園池，總山海，致利以助
> 貢賦，修溝渠，立諸農，廣田牧，盛苑囿。太僕、水衡、少
> 府、大農，歲課諸入田牧之利，池籞之假，及北邊置任田官，
> 以贍諸用，而猶未足。[16]

可見在新經濟政策下，不獨鹽鐵收歸國有，更把涉及民之所依的山林
池澤也一同納入國家體制之中，由開放走入壟斷使得人民的生計受到
衝擊，故在鹽鐵會議中，當代的民間知識分子批評其「今縣官之多張
苑囿、公田、池澤，公家有鄣假之名，而利歸權家。」[17]長遠而言，
山林收歸國有，干預了供應，令人民無法享用天然資源，抑止了工商
業發展的潛力，付出了沉重的代價。[18]

　　新古典學派一般相信，因沒有合理的制衡，凡是在專制下的官僚
干涉到商業經濟，則弊端叢生，當時也是商賈出身的卜式也察覺到問
題所在，並進言說：

> 式既在位，見郡國多不便縣官作鹽鐵，鐵器苦惡，賈貴，或彊
> 令民賣買之。而船有算，商者少，物貴，乃因孔僅言船算事。
> 上由是不悅卜式。[19]

---

16 《鹽鐵論校注》，頁171。

17 《鹽鐵論校注》，頁172。

18 《鹽鐵論校注》〈禁耕第五〉：「山海者，財用之寶路也。鐵器者，農夫之死士也。
死士用，則仇讎滅，仇讎滅，則田野闢，田野闢而五穀熟。寶路開，則百姓贍而民
用給，民用給則國富。國富而教之以禮，則行道有讓，而工商不相豫，人懷敦樸以
相接，而莫相利。」（頁68）

19 司馬遷：〈平準書〉，《史記》，頁1440。

海耶克學派普遍相信，凡是官僚直接主管經濟事務，則易於濫用權力，當時就有官員強迫人民購買鹽鐵器物，官員不是為求功績就是要從中取利。[20]卜式看見此中情況，立即指出新經濟政策的種種弊端，漢武帝為人剛愎自用，他向來不容許別人質疑他的經濟政策。自此以後，漢武帝逐漸疏遠他一向重用的卜式。卜式本來位列三公，任御史大夫，不久後更被貶官，遠離權力中心，此後不再有任何的政治上的影響力。[21]

第三節　平準均輸

〈平準書〉記載漢武帝於元鼎二年（西元前115）重新安置商人背景的官員，孔僅負責處理鹽鐵專賣，另一商人之子桑弘羊任他副手，為推行平準、均輸作準備：

> 孔僅之使天下鑄作器，三年中拜為大農，列於九卿。而桑弘羊為大農丞，筦諸會計事，稍稍置均輸以通貨物矣。[22]

置均輸官五年之後，即元封元年（西元前110），桑弘羊獲提升至大農，統領新經濟政策，太史公又說：

---

20 《鹽鐵論校注》〈水旱第六十三〉：「議者貴其辭約而指明，可於眾人之聽，不至繁文稠辭，多言害有司化俗之計，而家人語。陶朱為生，本末異徑，一家數事，而治生之道乃備。今縣官鑄農器，使民務本，不營於末，則無饑寒之累。鹽、鐵何害而罷？」（頁429）

21 《漢書》〈公孫弘卜式兒寬傳〉：「元鼎中，徵式代石慶為御史大夫。式既在位，言郡國不便鹽鐵而船有算，可罷。上由是不說式。明年當封禪，式又不習文章，貶秩為太子太傅，以兒寬代之。式以壽終。」（頁2682）

22 司馬遷：〈平準書〉，《史記》，頁1432。

> 元封元年……桑弘羊為治粟都尉，領大農，盡代僅筦天下鹽
> 鐵。弘羊以諸官各自市，相與爭，物故騰躍，而天下賦輸或不
> 償其僦費，乃請置大農部丞數十人，分部主郡國，各往往縣置
> 均輸鹽鐵官，令遠方各以其物貴時商賈所轉販者為賦，而相灌
> 輸。置平準于京師，都受天下委輸。[23]

經過五年的試行，漢武帝終於決定在全國設置均輸官員，全面推行均
輸政策。當時，各地郡縣不時要向中央上貢土產，但長途運輸導致運
輸成本高昂，又因路途遙遠，貨品易於變質，而物品亦未必是京師所
需，故全國性推行均輸法，本意是為了調節不同地區在空間上物價不
平的現象。[24]值得注意，數十年來兩岸四地的中國歷史教科書上多說
均輸律是始於武帝之時，但有出土文獻顯示，在漢初亦有均輸律，只
是武帝時才推行至全國。[25]

至於平準之法，司馬遷接著說：

> 召工官治車諸器，皆仰給大農。大農之諸官盡籠天下之貨物，
> 貴即賣之，賤則買之。如此，富商大賈無所牟大利，則反本，
> 而萬物不得騰踴。故抑天下物，名曰「平準」。[26]

平準法設立之本意是要平抑物價，原意是政府在價低時收購一些必需
品，待市場價高之時沽出，以干預增加供應的手段改變需求彈性來平
衡物價。惟司馬遷一矢中的地指出，實行了平準、均輸後，國家忽爾
增加了財政收入，他說：

---

23 司馬遷：〈平準書〉，《史記》，頁1441。
24 宋敍五：《西漢的商人與商業》，頁158。
25 張家山《二年律令》〈均輸律〉227簡。
26 司馬遷：〈平準書〉，《史記》，頁1441。

天子以為然，許之。於是天子北至朔方，東到太山，巡海上，並北邊以歸。所過賞賜，用帛百餘萬匹，錢金以巨萬計，皆取足大農。[27]

由此可見，平準、均輸不只是平抑物價與運輸的政策，客觀上政府推行新經濟政策後（包括了平準均輸），財政收入大大增加，政府官員涉足財產支配，不少人以增加財政收入為目標[28]，也就是海耶克（von Hayek, 1899-1992）所指干預主義必然產生的惡劣影響，否則司馬遷不會說武帝接納此法後，能夠四方遊歷，賞賜群臣，花費巨萬金錢，這反映了司馬遷對此等干預政策所帶來的效果作了公正的記載，實有良史直書不諱之風範。

　　事實上，當代已有民間學者指出，均輸、平準之法推行的後果，不單是官侵民權，好使官員從中取利，而且官員強迫人民收買，極為擾民，也是與原來的設計相違背。[29]儘管鹽鐵會議很可能是由霍光借賢良文學來打擊桑弘羊的政治手段，賢良等人的言論或有既定立場，惟他們的說法與司馬遷的論調基本上相同，可見此多少反映了一定的

---

27 司馬遷：〈平準書〉，《史記》，頁1441。

28 宋敘五：《西漢的商人與商業》，頁160。

29 《鹽鐵論校注》〈本議第一〉：「文學曰：……今釋其所有，責其所無。百姓賤賣貨物，以便上求。間者，郡國或令民作布絮，吏恣留難，與之為市。吏之所入，非獨齊、阿之縑，蜀、漢之布也，亦民間之所為耳。行姦賣平，農民重苦，女工再稅，未見輸之均也。縣官猥發，闔門擅市，則萬物并收。萬物并收，則物騰躍。騰躍，則商賈侔利。自市，則吏容姦。豪吏富商積貨儲物以待其急，輕賈姦吏收賤以取貴，未見準之平也。蓋古之均輸，所以齊勞逸而便貢輸，非以為利而賈萬物也。」同章又曰：「文學對曰：『竊聞治人之道，防淫佚之原，廣道德之端，抑末利而開仁義，毋示以利，然後教化可興，而風俗可移也。今郡國有鹽、鐵、酒榷，均輸，與民爭利。散敦厚之樸，成貪鄙之化。是以百姓就本者寡，趨末者眾。夫文繁則質衰，末盛則質虧。末修則民淫，本修則民慤。民慤則財用足，民侈則飢寒生。願罷鹽、鐵、酒榷、均輸，所以進本退末，廣利農業，便也。』」（頁5）

事實。總言之，新經濟政策因執行上的種種弊端，反而導致物價上漲，貨殖混亂，可算是徹底失敗。

第四節　總結

司馬遷撰寫〈貨殖列傳〉之時，正值新經濟政策推行得如火如荼之際，在他的眼內，漢武帝以前社會經濟發達，人民生活安定，給予商人良好的發展空間，故他為商人立傳，同時也是歌頌其前半生所身處的時代，惟漢武帝以降，司馬遷也未有再寫任何商人的事跡，可見他是利用對比的手法，營造今非昔比，新不如故的氣氛，使人對漢武帝一朝生出不如前朝的印象。

事實上，新經濟政策也的確產生了極負面的影響，大儒班固處處為漢武帝避重就輕，對於新經濟政策儘量不直接指出其不善之處，但也無法自圓其說，因在他的《漢書》〈貨殖傳〉中，武帝或以後的商賈只有數位，而且只提其名，沒提其事，由此說明了武帝中葉以後商人與商業實已是寫無可寫了。

第三章
〈貨殖列傳〉批判新經濟政策前提的構成

　　眾所周知，司馬遷（西元前145-?）既是史學家，也是知識分子，史學家的責任是如實敘事，而公共知識分子的責任在於為社會追尋其心中的理想模式，此在他們的敘述中反映出來，先秦儒家的知識分子為人們建構了三代的理想世界，在他們的眼中，堯舜時代是最值得稱道的日子，是人君的典範。然而，在一些法家、道家眼中，堯舜卻是不仁不孝，迫害親人的偽君子。其實，這些都不一定歷史事實，而是為了表達作者主張的具有文學性的敘事方法，當中充滿主觀的想像，以及誇張的描繪，目的不過是為了表達作者的思想而已。同樣，司馬遷也試圖建構他自己心中的理想模式，觀乎《史記》全書，可知司馬遷對於西漢社會經濟最為推崇，並認為呂后至文景之時是漢代最理想的時代，而且此一時期政府奠下了西漢社會發達的基礎，此說法在〈貨殖列傳〉中尤為明顯。他說：

> 漢興，海內為一，開關梁，弛山澤之禁，是以富商大賈周流天下，交易之物莫不通，得其所欲，而徙豪傑諸侯彊族於京師。[1]

此段為人所熟悉的史料，是〈貨殖列傳〉中描寫西漢具代表性的商人崛起之重要背景。其大意有以下幾點：

1　司馬遷：〈貨殖列傳〉，《史記》，頁3261。

一、假若沒有國家統一，政局不穩定，生活的交易成本高昂，商業就難以持續發展，傳內描述西漢初年興起的成功商人大多是因此而發跡。

二、漢初政府沒有開放種種國家管制，那麼傳內的工商巨賈就不能乘時而起。

三、若司馬遷沒有親自耳聞目睹漢初政府無為而治的歷史發展，就很難產生他獨特而自由的經濟思想，並寫下宣揚其主張黃老思想為根基的〈貨殖列傳〉，開創為商人立傳的歷史與文學傳統，成為史家之絕唱。

四、上述的一段引文，幾乎成為後世史家描述西漢社會經濟的主要依據，今之《秦漢史》教科書相關的敘述，大多也以此為基礎。

第一節　司馬遷筆下漢初的無為而治

正因為西漢初年的開放政策，才會出現漢武帝時期豐裕的社會環境與充實的國家財政。[2]歸根究柢，漢初的無為而治對司馬遷撰寫〈貨殖列傳〉的影響甚鉅，而他對於此一治國方略極為稱道。事實上，世上沒有人會不受時代背景的影響，司馬遷雖為良史，但亦屬凡人，他也不能例外，而他的敘述充滿對漢初國家社會的嚮往，《史記》〈呂太后本紀〉云：

> 太史公曰：孝惠皇帝、高后之時，黎民得離戰國之苦，君民俱欲休息乎無為。故惠帝垂拱，高后女主稱制，政不出房戶，天下晏然，刑罰罕用，罪人是希。民務稼穡，衣食滋殖。[3]

2　司馬遷：〈平準書〉，《史記》，頁1420。

3　司馬遷：〈呂太后本紀〉，《史記》，頁412。

司馬遷認為因漢初政府奉行無為而治，寬減了秦代的嚴刑峻法，故對漢初政府的評價甚高[4]，他認為此一政策增加了商人投資的意欲，使得虞農工商百業並興，生活水平上升，人民富足、社會繁榮安定，其描寫出來的景象，實在是人類生活最幸福的模式，政府連刑罰也不常用，就是代表人民懂得自律，懂得自律的原因是當時社會經濟已相當富足，即司馬遷不止一次說「倉廩實而知禮節，衣食足而知榮辱」[5]。關於漢初的社會狀況，班固在《漢書》中也有詳細的補充[6]，東漢時位列三公的張純，也聲言要學習曹氏的無為[7]，此後幾成歷來史家定論，至今未改。細閱《史記》，發現書中不乏對西漢初年清靜無為政策讚頌之辭，譬如他講到曹參在惠帝初登位時，說曹氏甫於齊國任相，立即採用當代道家名士蓋公之言，實行清靜無為的黃老治國之術，在司馬遷的歷史敘述中，說曹氏終使齊國大治。[8]後來，曹氏繼蕭何為丞相，更把黃老之術奉為國策，司馬遷對此更是推崇備至，在他的筆下，幾乎天下人對曹氏的功德一致稱好。[9]司馬遷如何得知天下人的想法？他能否代表天下人的意見呢？答案是存疑的。不難理

4　司馬遷〈太史公自序〉：「漢既初興，繼嗣不明，迎王踐祚，天下歸心；蠲除肉刑，開通關梁，廣恩博施，厥稱太宗。作孝文本紀第十。」見《史記》，頁3303。

5　司馬遷：〈貨殖列傳〉，《史記》，頁3255。

6　《漢書》〈刑法志〉：「當孝惠、高后時，百姓新免毒蠚，人欲長幼養老。蕭、曹為相，填以無為，從民之欲，而不擾亂，是以衣食滋殖，刑罰用稀。」（頁1097）《漢書》〈高后紀〉：「贊曰：孝惠、高后之時，海內得離戰國之苦，君臣俱欲無為，故惠帝拱己，高后女主制政，不出房闥，而天下晏然，刑罰罕用，民務稼穡，衣食滋殖。」（頁104）

7　范曄《後漢書》〈張曹鄭列傳〉：「在位慕曹參之迹，務於無為，選辟掾史，皆知名大儒。明年，上穿陽渠，引洛水為漕，百姓得其利。」（頁1193）

8　《史記》〈曹相國世家〉：「聞膠西有蓋公，善治黃老言，使人厚幣請之。既見蓋公，蓋公為言治道貴清靜而民自定，推此類具言之。參於是避正堂，舍蓋公焉。其治要用黃老術，故相齊九年，齊國安集，大稱賢相。」（頁2029）

9　《史記》〈曹相國世家〉：「參為漢相國，清靜極言合道。然百姓離秦之酷後，參與休息無為，故天下俱稱其美矣。」（頁2031）

解，當中是有誇張的文學成分。

　　事實上，從劉邦的約法三章到蕭、曹的無為而治，都不過是司馬遷抽象的敘述，後世的史學家也沒有充分的具體史事支持，至少至今仍未有學者提出說服力的政策或制度足以說明司馬遷之言。當然，我們不能排除這些概念有否真實存在的可能，但我們可將之理解司馬遷是為他心目中的理想社會模式所作的建構，而非仔細的歷史情節。我們對漢初自由經濟的歷史概念的認識，都是來自司馬遷抽象的敘述。高祖至惠帝之時，或許真的曾經提出過，但當落實到治國之時，則未必名副其實。從出土材料看法，當時的法律大抵完全從秦律照搬過來，其中不少猶有過之，漢初七十年並不完全以司馬遷所說的約法省刑罰可以完全解釋得到。本文認為漢初的無為主要是體現在政府沒有積極擴張，而非具體的治國律法之中。

　　按照一般的歷史印象，漢高祖以來國家均實行自由放任的經濟政策。其實，要數真正具備無為而治特質的重要政令，大概要到文帝之時才發生。其時，國家主流的政治光譜仍屬黃老之學[10]，文帝以此為指導思想，下令開放秦代以來實行的關梁山澤之禁。錢穆先生指出，周官是規定山林是政府所有，但春秋以來，政府無力干預，農民、商人擅自開發，做成既定事實。[11]秦統一天下，國力強盛，法令嚴明，又將之收回國有，秦代九卿之少府，是掌管山澤陂池之稅的官員，對民間開發山林有嚴格的管制，如上所述，漢政府大抵將秦代的法律保留下來，一九八三年於江陵西漢墓出土的張家山漢簡（書寫時間為西元前一八七至前一七九年左右）[12]，載有漢代初年頒行的法律文書，是研究漢代社會經濟史的重要文獻，此屬於法律條文，即是歷史事

10 林劍鳴：《秦漢史》（上海市：上海人民出版社，2003年），頁267。
11 錢穆：《國史大綱》（北京市：商務印書館，1996年），頁90-91。
12 李零：《簡帛古書與學術源流》（北京市：三聯書店，2008年），頁99、117。

實，沒有經過史學家與知識分子的人工修飾，故應最貼近現實。其中的《二年律令》〈金布律〉云：

> 有贖買其親者，以為庶人，勿得奴婢。諸私為鹽，煮濟、漢，
> 及有私鹽井鹽者，稅之，縣官取一，主取五。采銀租之，縣官
> 給橐，436簡（F75）
> 十三斗為一石，石縣官稅三斤。其也，牢橐，石三錢。租其出
> 金，稅二錢。租賣穴者，十錢稅一。采鐵者五稅一；其鼓銷以
> 437簡（F68）
> 為成器，有五稅一。采鉛者十稅一。采金者租之，人日十五分
> 銖二。民私采丹者租之，男子月六斤九兩，女子四斤六兩。
> 438簡（F67）[13]

一般認為，《二年律令》的簡文是劉邦至呂后執政前期的史料，本文傾向為漢惠帝二年或呂后二年，而非高祖二年。《二年律令》規定，擴大居宅時不許與原來的屋宅相連[14]，在文帝開放山林之前，漢初一直徵收山林開發稅，從《二年律令》〈金布律〉得知：煮鹽稅為六分之一；採鉛稅為十分之一；採金稅為每人十五分銖二等等。[15]此時，政府仍然對民間開發山林池澤有很大的管制，並設定一套稅制，把此等經濟行為納入國家財政系統之中，譬如規定採鐵稅為百分之二十五，而採丹者則按人頭、按月收費，相當於今天的牌照費，而男姓的

---

13 朱紅林：《張家山漢簡二年律令集釋》（北京市：社會科學文獻出版社，2005年），頁255。

14 高敏：〈從《張家山漢簡二年律令》看西漢前期土地制度〉，《秦漢魏晉南北朝史論考》，頁134。

15 高敏：〈關於漢代有「戶賦」、「質錢」及各種礦產稅的新證〉，《秦漢魏晉南北朝史論考》，頁162。

收費又高於女姓，此是考慮到男姓採丹的能力相對較高，而數量也理應較多，即是說是按量收費，相當於現代人的累進稅概念，收入愈高，稅收的比例也愈高。

簡言之，司馬遷指漢代初年政府奉行的與民休息，至少在此時（即是呂后執政之時），在此方面（工商業方面），仍未完全體現出來。惟漢文帝奉行開放的經濟政策，宣布「令諸侯毋入貢，弛山澤」[16]，始將山林資源開放予人民自由使用，也即是等於開放了礦業的開發權。稅務對商人造成巨大的經營成本，有礙商人的投資意欲，減稅，甚至是取消稅項，則會刺激人民增加投資，大大促進市場活動。也為政府減省許多行政成本。

據臧知非研究，出土文獻為本。他認為漢初「弛山林之澤」，其中會涉及到漢代的授田制，而授田又觸及可耕地與非可耕地，不少商人受惠此政策，選擇接受（收集）政府所授山川林澤之地，因而推動了礦業及畜牧業的發展。[17]〈貨殖列傳〉所載的漢代巨賈蜀卓氏、程鄭、宛孔氏等人就是從事礦業起家，而橋姚和不在傳內的卜式則是牧畜鉅子。[18]由此可見，此一政策有促進商業發展的功效[19]，司馬遷對此推崇備至，是有事實依據的，當時國家政策導致商業發達，因經營耕作的回報遠低於投資商業，故他根據這樣的經驗，於〈貨殖列傳〉中得出「夫用貧求富，農不如工，工不如商，刺繡文不如倚市門」經

---

16 司馬遷：〈孝文本紀〉，《史記》，頁432。

17 臧知非：〈張家山漢簡所見西漢礦業稅收制度試析〉，《張家山漢簡二年律令研究文集》（桂林市：廣西師範大學出版社，2007年），頁126。

18 《漢書》〈公孫弘卜式兒寬傳〉：「卜式，河南人也。以田畜為事。有少弟，弟壯，式脫身出，獨取畜羊百餘，田宅財物盡與弟。式入山牧，十餘年，羊致千餘頭，買田宅。而弟盡破其產，式輒復分與弟者數矣。」（頁2624）

19 臧知非：〈張家山漢簡所見西漢礦業稅收制度試析〉，《張家山漢簡二年律令研究文集》，頁126。

濟規律的觀察[20]，足見〈貨殖列傳〉絕非一般的實錄，而是理論的總結，司馬遷也不止是史學家，他同時是在建構理想模式的知識分子，也是具有文學性的社會觀察家。

第二節　太史公眼中漢初的社會經濟環境

西漢後期，大臣路溫舒追述漢初的歷史時，也說漢文帝「崇仁義，省刑罰，通關梁」[21]，可見在《史記》面世以後，此說法在當其時已經深入人心，同時代的師丹認為文帝之時放任政策，並未導致嚴重的商人土地兼併[22]，而只有個別官員的瘋狂兼併[23]，漢初的無為放任政策，對於社會發展是利大於弊，依據西漢中期官員師丹的說法，文帝時期社會正在復甦，商人土地兼併尚未激化成社會的禍害，這是因為商業投資的回報比囤地吸引之故。

土地兼併的現象，其實是財產私有、土地自由買賣下的產物，自春秋戰國以來一直如是，當然，文帝時期當然亦不能完全避免，但當時商人土地兼併情況並不嚴重，亦未對社會穩定造成威脅。究竟漢代土地兼併之禍在何時出現呢？文帝時的晁錯雖然指當代已有此情況，並歸咎於商人兼併，惟政治家之論多是為其政見服務，他的分析實不

20　司馬遷：〈貨殖列傳〉，《史記》，頁3274。

21　班固：〈賈鄒枚路傳〉，《漢書》，頁2367。

22　吳榮曾：《先秦兩漢史研究》（北京市：中華書局，1995年），頁212。

23　《史記》〈蕭相國世家〉：「民所上書皆以與相國，曰：『君自謝民。』相國因為民請曰：『長安地狹，上林中多空地，棄，願令民得入田，毋收稿為禽獸食。』上大怒曰：『相國多受賈人財物，乃為請吾苑！』……高帝曰：『相國休矣！相國為民請苑，吾不許，我不過為桀紂主，而相國為賢相。吾故繫相國，欲令百姓聞吾過也。』」《索隱》謂「相國取人田宅以為利，故云『乃利人』也。所以令相國自謝之。」（頁2018-2019）

無問題，未必能夠成立。[24]對此，司馬遷未必同意，因為他在《史記》〈平準書〉說：「當此之時（武帝年間），網疏而民富，役財驕溢，或至兼并。豪黨之徒，以武斷於鄉曲。」[25]簡言之，在司馬遷看來，土地兼併的禍害在武帝時期才開始突顯出來，而東漢學者荀悅的《漢紀》，指漢文帝時已有嚴重土地兼併的情況[26]，此記載則亦未見在《史

---

24 《漢書》〈食貨志〉記載晁錯（西元前200-前154）於文帝二年建議實行「入粟受爵」政策，其謂：「地有遺利，民有餘力，生穀之土未盡墾，山澤之利未盡出也，游食之民未盡歸農也。……夫珠玉金銀，饑不可食，寒不可衣，……此令臣輕背其主，而民易去其鄉，盜賊有所勸，亡逃者得輕資也。……是故明君貴五穀而賤金玉。……有者（土地）貴賣，無者倍舉，是賣田宅鬻子孫以償債者眾也。而商賈大者積儲倍息，小者坐列販賣。……此商人所以兼并農人，農人所以流亡者也。」（頁1130-1132）此段文字常為歷史學家所引用，作為支持荀悅「上惠不通」說的主要論據。晁錯的言論看似是很有力，說明當時土地兼併嚴重及農民生活困苦的情況，但細心觀察，當中存在不少問題。《史記》〈孝文本紀〉載：「（文帝）德厚侔天地，利澤施四海，靡不獲福焉。」（頁436）同時，查看《史記》中的〈孝文本紀〉及〈張丞相列傳〉，均未見有像晁錯如此激烈地討論土地兼併的言論。《史記》既未見有荀悅所說「上惠不通」的意思，反有完全相反「靡不獲福焉」的說法。另外，司馬遷在〈呂太后本紀〉說：「孝惠皇帝、高后之時，黎民得離戰國之苦……民務稼穡，衣食滋殖。」（頁412）依太史公的說法，呂后主政時，社會元氣剛始復原，社會經濟（包括農業）正值方興未艾之勢。但是，文帝即位不過兩年，晁錯又怎麼會說農民「憂病艱難在其中」呢？此等材料與晁錯、荀悅的言論完全相反。另外，晁錯的言論本亦有值得商榷的地方。若按照晁錯的說法，當時土地兼併非常嚴重，農民生活應很困窘，無地可耕。但晁錯在同一段文字說：「地有餘利，民有遺力，生穀之土未盡墾耕……遊食之民未盡歸農」，又說：「此令臣輕背其主，而民易去其鄉，……是故明君貴五穀而賤金玉。」（見《漢書》〈食貨志〉，頁1130-1132）可見農民並非無地可耕，社會亦非受到土地兼併之害困擾。

25 司馬遷：《史記》，頁1420。

26 見《漢紀》〈孝文皇帝紀下〉文帝十三年六月「詔除民田租」條。荀悅（西元148-209）說：「古者什一而稅，以為天下之中正也。今漢民或百一而稅，可謂鮮矣。然豪強富人占田逾侈，輸其賦太半。官收百一之稅，民收太半之賦。……是上惠不通，威福分於豪強也。」荀悅把文景之治中，最為後世稱道的減免田租政策，說成是「上惠不通」，不切實際。他認為漢初的十五而稅、三十而稅，甚至於文帝十二年減收半租，及於文帝十三年免收全國田租的恩惠政策，不能夠直接下達一般農民

記》出現。司馬遷認為，漢初的無為並未對社會構成很大的害處。司馬遷受此因素影響，而構成他敘述中對漢初處處的讚揚，他對於漢初土地兼併的情況輕輕帶過，此與近年出土的《湖北江陵鳳凰山十號漢墓出土簡牘》有關漢初土地兼併的情況有明顯的出入[27]，為的是凸出武帝新經濟政策的不堪。至於荀悅，他身處於東漢晚期，土地兼併已達極點，社會矛盾極為嚴重，故在他的敘述中，顯示了他身處時代的意識形態，並主觀地將之投放在歷史敘述之上。司馬遷也好，荀悅也好，其他史學家也好，都不過是在歷史材料上，加插自己主觀想像的歷史與文學敘述，本質上沒有太大分別，只是大家的觀點各有不同而已。

不難想像，當投資工商業的「交易成本」下降，而其他因素不變，就很自然地吸引了大量的資金進入市場，而漢初工商業的利潤回報一般也不俗，使得市場的資金有所出路，不會一窩蜂投資土地，故漢代初年的土地兼併並不嚴重，商人兼併更是少之又少，反而當司馬遷盛年之時，武帝推行新經濟政策，為了增加國家收入，不惜與民爭利，又猛力打擊商業發展，令商人無利可圖，有錢人只好轉移投資土地，造成嚴重的土地兼併[28]，而特權貴族經過近百年的發展，早已成為一個龐大的利益集團，他們利用權勢，進行大量的兼併，終使得武帝年間，社會矛盾日趨嚴重，幾乎到達了臨界點。司馬遷歷經如此巨大的社會轉變，使他萌生對漢初無為的思古之情，以建構他心中的理想模式，並以此對現實作控訴，借此批判時政。

手中。反而，減除田租，只會「適以資富強」，有利於富人。荀悅解釋，這是因為「今豪民佔田，或至數百千頃」之緣故。這表示，他認為早在漢初，土地兼併的情況已經極為嚴重，社會財富（土地）由一小撮「豪民」控制，他們成了恩惠政策與農民之間的絕緣體。

27 裘錫圭：〈湖北江陵鳳凰山十號漢墓出土簡牘考釋〉，《文物》1974年第7期，頁54-62。
28 許倬雲：《漢代農業》（桂林市：廣西師範大學出版社，2005年），頁33-54。

由此可見，《史記》既有忠實史學的一面，同時也有諷刺文學的性質，非如一些人認為完全是客觀的史料記敘，也不盡全是歷史事實，此同時表現在〈貨殖列傳〉以及司馬遷筆下的社會經濟史描述之中。[29]

第三節　司馬遷對漢興以來經濟敘述的根據

漢初無為放任之印象，多是根據司馬遷之說法，而其他常見之史料，均出於《史記》之說，若以「循環論證」[30]，則未能對於西漢初年社會經濟有更深層的理解。到底司馬遷對西漢初年的敘述，又有多少是屬於他主觀的意志？這是本文必須首先處理的問題。又到底有多無為放任？也得先解決此問題才能進一步分析〈貨殖列傳〉產生的社會經濟背景。如果過分依賴《史記》的說法，那就難以較客觀地了解當時的社會狀況和司馬遷敘述的方法與特色。情況一如日本學者藤田勝久教授所指，許多人讀《史記》，當看見司馬遷對魏文侯的評價很高，就輕易得出當時魏國很強大的概括印象，然而此未必完全是當時的實際情況。[31]一段常為世人引用的史料，也未必一定是真確的事實，而可能是作者的歷史與文學敘述而已，由於《史記》的文學味道甚濃，敘述之中多有他本人的主觀意志，此不獨見於紀傳體，就連〈平準書〉也不例外，他說：

---

29 《史記》〈孝文本紀〉：「孝文皇帝臨天下，通關梁，不異遠方。」（頁436）《集解》引張晏曰：「孝文十二年，除關，不用傳令，遠近若一。」

30 循環論證（Circular argument）：若果用來證明結論的前提就是結論本身，又或者所採用的前提預設了結論的真確性，那麼，有關論證就是循環論證。例：「由於聖經說上帝存在，而聖經是上帝所默示的，故此，上帝存在。」見「思方網」，網址：http://philosophy.hku.hk/think/chi/fallacy.php。

31 〔日〕藤田勝久：《史記戰國史料研究》（上海市：上海古籍出版社，2008年），頁467。

> 至今上即位數歲，漢興七十餘年之間，國家無事，非遇水旱之
> 災，民則人給家足，都鄙廩庾皆滿，而府庫餘貨財。京師之錢
> 累巨萬，貫朽而不可校。太倉之粟陳陳相因，充溢露積於外，
> 至腐敗不可食。……故人人自愛而重犯法，先行義而後絀恥辱
> 焉。[32]

到底漢武帝之時，國家已有數十年來奉行低稅率政策，又開放山林的
管制增加了資源的供應，更於西元前一七五年，即文帝時期廢除了
「錢律」[33]，下放貨幣發行權，雖然減少了政府的收入，增加了貨幣
供應與流通量，減低了商品交易的成本，促進商業發展。但國家財政
仍然如此豐厚，此說法又有多少成分屬實？在自由放任的經濟下，市
場經濟發達，人民生活滿足倒是可以理解，但國家財政卻不會因低稅
率而變得充裕，這實在是有違常識。這是否反映司馬遷為了影射漢武
帝的窮奢極侈，為了充實國庫，而推行司馬遷極為不滿的新經濟政策
而故意誇大主觀的文學描述？[34]如果當時國家財政是如此豐厚，則會
與文帝大幅減田租至三十而一[35]，甚至除田租[36]，此等措施與廢除
「金布律」徵費的舉措互相矛盾。除非有大量的非稅務收入使充實國
庫，否則司馬遷所說的情況就難以發生。那麼又會是何種政策？那就
是晁錯於文帝二年建議的「入粟受爵」，此政策是指人民可以通過捐
贈糧食（粟）與政府，換取得爵位。《漢書》〈百官公卿表〉載漢代爵

---

32 司馬遷：〈平準書〉，《史記》，頁1420。

33 司馬遷：〈漢興以來將相名臣年表〉，《史記》，頁1126。

34 魯惟一：〈時新派政策的充分發揮〉，《劍橋中國秦漢史》（北京市：中國社會科學出
　　版社，1992年），頁176。

35 呂思勉：《秦漢史》（上海市：上海古籍出版社，1983年），頁78。

36 《史記集解》引李奇曰：「本，農也。末，賈也。言農與賈俱出租無異也，故除田
　　租。」見《史記》，頁428。

位共有二十級（現以第一級為起點計），政策規定入粟六百石，可以成為「上造」（第二級），入四千石，則可成為「五大夫」（第九級），而入一萬二千石，則可成為「大庶長」（十八級）。[37]按爵位的等級，可享受不同的特權。一般來說，爵位的功能輕則可以免除力役，重則可以減輕某些因犯罪所受的刑罰。

張家山漢墓竹簡（247號墓）的新材料，可以加深我們對此問題的認識，其中《二年律令》的〈捕律〉謂「捕以諸侯來為間者一人，（拜）爵一級，有（又）購二萬錢。不當（拜）爵者，級賜萬錢，月（又）行其購」（151號簡），說明持有爵位者可以錢抵罪。《二年律令》中的〈傅律〉（356號簡）又證明有爵位者可以縮短服役年限的特權，而且《二年律令》的〈置後律〉（368號簡）條規定爵位是可以世襲。由此可見，「入粟受爵」政策對於有能力負擔的人，甚是吸引。筆者認為，政策的對象應是歷受國家法律歧視的新興的商人階層[38]，商人自此熱忱於「入粟受爵」，此政策確實為政府帶來一定的收入，否則文景二帝，又如何有能力屢次減免稅入。[39]

---

37 班固：《漢書》，頁739。

38 第一、漢初功臣集團（包括軍功、事功）早已經得到爵位，而且從後來實施後得知，軍爵的地位（或特權）遠比入粟所受的爵位為高，所謂「此其與騎馬之功相去遠矣」（《漢書》〈食貨志〉，頁1143），所以他們無需利用此政策而得到爵位。第二、戰國以來的舊有勢力因長期戰亂而失去地位，高祖時曾試圖恢復他們的地位，即是所謂「復故爵田宅」的措施（《漢書》〈高帝紀〉，頁54），他們已經恢復了爵位，故亦沒有必要通過政策而取得爵位。故有能力惠用於政策的很可能是新興的商人階層。儘管他們擁有財富，但由於政府的打擊和社會的歧視，他們最容易受到壓抑「末業」的政策牽連，所以他們需要通過「入粟受爵」而取得社會地位，以鞏固其既得利益。

39 晁錯說：「方今之務，莫若使民務農而已矣。欲民務農，在於貴粟；貴粟之道，在於使民以粟為賞罰。」（《漢書》〈食貨志〉，頁1133）可見政策的目的是在於促進農業的發展，即所謂「驅民務農」。因為，商人要惠用於「入粟受爵」的話，就需要大量的糧食，故此他們要向農民收購，市場對糧食的需求增加，因此使得粟價上

我們可以據此得出結論：

一、「入粟受爵」政策從文帝二年開始推行至漢武帝初年，只得四十餘年，此前國家財政並不會太過充實，若充實，則沒有推行「入粟受爵」的誘因。

二、「入粟受爵」屬短期的政策，當政府吸納了大批富人入粟，但富人則可世襲爵位，故「入粟受爵」不會長久成為國家的收入來源，如此就難以長期支持國家經常性支出，尤其政府同時減少經常性收入。如此，我們可合理地認為司馬遷描述漢帝初年的國家財政或多或少有誇大的成分。

三、簡言之，欲了解司馬遷，就必先要分清何者屬於他的思想，何者是客觀的陳述，以及他的思想如何影響他的歷史或和文學的敘述。

第四節　從出土材料看漢初的自由放任之治

從上引近年於張家山出土的《二年律令》〈金布律〉所見，至少

升，即晁錯所謂的「貴粟之道」。這就說明商人並非荀悅所述的大地主，所以他們不能向佃農收取大量的田租以支付「入粟受爵」的費用，反而需要向農民收購糧食，於是達到「富人有爵，農民有錢，粟有所潟」（《漢書》〈食貨志〉，頁1133）的效果。文帝採納晁錯的建議，結果成效顯著：其一，國家收入增加。其次，政策財政充裕有能力減免田租。其三，政策刺激了市場對粟的需求，農業得以恢復，農民生活得以改善。田租是漢初政府主要收入之一，其餘尚有芻、稿稅及口賦、算賦等稅種。傳統說法以為漢初政府可做到免收田租，都歸功於文帝皇室的節儉，但單是如此尚不足造到免收田租，大量減少政府的收入來源。「入粟受爵」政策，正為政府提供可觀的非經常性收入，按照《二年律令》中的規定減收田租的特權，然而商人普遍不是大地主，另方面卻減少了原來商人以錢取代力役的收入，但總的來說對於政府收入有正面的影響。反過來說，政府可能力造到免收田租，又可說明當時富人對「入粟受爵」的熱衷。簡言之，當時的商人普遍不是大地主，至少他們不是依靠兼併土地致富，而當時的商人們正忙於「操其奇贏，日遊都市」的投機活動，而且在城市裡經商，利潤豐厚，所謂「所賣必倍」（《漢書》〈食貨志〉，頁1132），反而土地投資回報較慢，不足以吸引商人大量投資。

到了呂后初年，政府對於山林池澤仍有相當的管制，出土文獻補足了
《史記》對此隻字不提的空白，這是司馬遷因篇幅所限的取捨，還是
有意識地製造呂后之時與民休息的虛假印象？而文帝時下令「弛山
澤」，但到底此話是何等情度上的開放呢？對此等問題，司馬遷並未
有直接的解釋，但從其他史料來看，「弛山澤」是指把採礦業私營化
（尤其是黃金），這也是等於將貨幣的發行權下放與民間[40]，據《漢
書》〈食貨志〉所載漢高祖時已容許民間鑄銅錢[41]，但從《二年律令》
〈錢律〉得知，很可能在不久之後，呂后又明文立法加以禁止[42]，再
次行秦代法律，收緊貨幣發行權，要麼就是高祖時從未有真正推行放
任政策，可是司馬遷對此也沒有詳加說明，令前人研究漢初貨幣史時
常有誤解。到了文帝五年四月，正式「除錢律」使得「民得鑄錢」[43]，
漢初的「錢律」最重要的一條，是對非法鑄造錢幣者，實行嚴刑懲
治[44]，既然文帝廢除錢律，那就表示可以任由民間私下鑄錢，鑄錢需

---

40 臧知非：〈張家山漢簡所見西漢礦業稅收制度試析〉，《張家山漢簡二年律令研究文
　　集》（桂林市：廣西師範大學出版社，2007年），頁126。

41 《漢書》〈食貨志〉：「漢興，以為秦錢重難用，更令民鑄莢錢。」（頁1152）

42 《二年律令》〈錢律〉：「盜鑄錢及佐者，棄市。同居不告，贖耐。正典、田典、伍
　　人不告，罰金四兩。或頗告，皆相除。尉、尉史、鄉部官簡201（C252）嗇夫、士
　　吏、部主者弗得，罰金四兩。202（F139）智人盜鑄錢，為買銅、炭，及為行其新
　　錢，若為通之，與同罪。203（C251）捕盜鑄錢及佐者死罪一人，予爵一級。其欲
　　以免除罪人者，許之。捕一人，免除死罪一人，若城旦舂、鬼薪白粲二人，隸臣
　　妾、收人、204（C267）司空三人以為庶人。其當刑未報者，勿刑，有復告者一人，
　　身毋有所與。詗告吏，吏捕得之，賞如律。205（C266）盜鑄錢及佐者，智人盜鑄
　　錢，為買銅、炭，及為行其新錢，若為通之，而能頗相捕，若先自告、告其與，吏
　　捕206（F138）頗得之，除捕者罪。207（F136）諸謀盜鑄錢，頗有其器具未鑄者，
　　皆黥以為城旦舂。智為及買鑄錢具者，與同罪。208（F140）」見朱紅林：《張家山
　　漢簡二年律令集釋》（北京市：社會科學文獻出版社，2005年），頁136-140。

43 司馬遷：〈漢興以來將相名臣年表〉，《史記》，頁1126。

44 《二年律令》〈錢律〉：「智人盜鑄錢，為買銅、炭，及為行其新錢，若為通之，與
　　同罪。203（C251）捕盜鑄錢及佐者死罪一人，予爵一級。其欲以免除罪人者，許

要用銅，也即是說弛山林之禁也是在此時，政府同時把山林的開發權給予民間，取消〈金布律〉的某些管制，因為開放開採權，就等於人民有能力持有大量的幣材，也就是說有能力自行製造貨幣，增加市場的貨幣供應與流通，代表財富與物價也同時增長。

對此，文帝時的賈誼曾作了嚴厲的批評，他說：「除鑄錢令，山復上書諫，以為變先帝法，非是。」[45]有研究指出這裡所說的先帝，是指秦代皇帝[46]，惟從《二年律令》〈錢律〉可知，此是漢初奉行的法律，最遲不會晚於呂后二年頒布天下，而漢人所說的先帝，理應是當朝皇帝，否則會用前朝，而非先帝，那即是說賈氏所說的先帝，不是高帝，就一定是惠帝或呂后，而高帝曾經下旨「令民鑄莢錢」，那頒行錢律是惠帝、呂后的機會比較大。故此，我們得出結論是：漢承秦制，對經濟作出嚴格的管制，並以嚴刑相配合。雖然高帝一度下令放寬，但不久政府便恢復，故司馬遷說呂后時「刑罰罕用」可能只是一廂情願的想法。直至文帝之時，才正式廢止，實行真正的自由放任治國。

司馬遷的筆下的形象未將惠帝、呂后與文景作出區分，而是一概而論地歸納為漢初無為的形象，此反映他書寫時的文學情結，將漢興七十年以來的自由放任與武帝之時的新經濟政策形成強烈對比，故意製造二元對立的印象，成為批評新政經濟政策的重要前提。新自由主義者常常強調政府要將不利於市場發展的法規簡化甚至廢掉，此正合司馬遷於〈貨殖列傳〉中，一再強調最理想的經濟模式，也即是所謂

之。捕一人，免除死罪一人，若城旦舂、鬼薪白粲二人，隸臣妾、收人、204（C267）諸謀盜鑄錢，頗有其器具未鑄者，皆黥以為城旦舂。智為及買鑄錢具者，與同罪。208（F140）。」

45 班固：〈賈鄒枚路傳〉，《漢書》，頁2337。

46 宋敘五：《西漢貨幣史》（香港：中文大學出版社，2002年），頁129。

的「善者因之」[47]，讓市場自由放任地發展，反對政府過分干預市場和國家為增加收入而與民爭利。

第五節　總結

　　總而言之，從出土材料看來，漢初自由經濟並非如傳統史書所說的一成不變之歷史常態，而是歷史地發展而來，在不同時期有不同的歷史面貌，而傳統史書中又多有作者的主觀意志，《史記》如是，《漢書》如是，《漢紀》也如是，史書所載與史實未必完全一致，本文討論的不過是冰山一角，這方面有待我們更深入的探討。如上文所述，作家的任何敘述一定會受時代背景的影響，理論家也多是從現實生活得出規律，而司馬遷主張自由放任或多或少是從漢初無為而治的氣氛薰陶下產生而成，而司馬遷在書中一再稱讚漢文帝治理國家的成就[48]，是因他依此產生他獨特的經濟思想，故他又對此生出特殊的感情，故在他的歷史敘述中，對漢初無為而治的種種現象時常充滿表揚之意，構成他以〈貨殖列傳〉來對時政諷刺的重要前設。

---

47 〈貨殖列傳〉：「太史公曰：夫神農以前，吾不知已。至若詩書所述虞夏以來，耳目欲極聲色之好，口欲窮芻豢之味，身安逸樂，而心誇矜埶能之榮使。俗之漸民久矣，雖戶說以眇論，終不能化。故善者因之，其次利道之，其次教誨之，其次整齊之，最下者與之爭。」我們先看歷代學者定義，才提出筆者的看法。《史記正義》解為：「言其善政者，因循清淨隨俗而誘之，其次以利引之，其次設化變改之，整齊不貪之，最下者與眾爭利及夸矜也。」日本學者瀧川資言認為：「因，從自然也，利，順利之。利，非利益之利。道，讀為導。最下者與之爭，譏武帝興利。」見《史記會注考證》（新校本）（臺北市：天工書局，1993年），頁1354。

48 《史記》〈孝文本紀〉：「太史公曰：孔子言：『必世然後仁。善人之治國百年，亦可以勝殘去殺。』誠哉是言！漢興，至孝文四十有餘載，德至盛也。廩廩鄉改正服封禪矣，謙讓未成於今。嗚呼，豈不仁哉！」（頁437）又〈孝景本紀〉：「太史公曰：漢興，孝文施大德，天下懷安……」（頁449）

乙　思想篇
從〈貨殖列傳〉看司馬遷的主要經濟思想

第四章

司馬遷的「求富尚奢觀」

——從《史記》〈貨殖列傳〉看太史公的經濟思想

　　司馬遷一反傳統的重農抑商，提倡農商並重，寫下了〈貨殖列傳〉，為商人立傳，在《史記》中，處處表現他的重商的態度，欲瞭解〈貨殖列傳〉，就必須瞭解他的經濟思想，而他的思想當中，最凸出的就是與傳統文化向來強調節用完全相反的消費主義，那就是他的「求奢尚富觀」。因太史公的思想主導了他的敘事態度，也就是影響了〈貨殖列傳〉的一切立論，故此，我們先要解決他的基本主張。

　　一七一四年，一位名叫曼德維爾（Bernard Mandeville, 1670-1733）的英國學者，出版了《蜜蜂的寓言：私人的惡毒，公眾的利益》（*The Fable of the Bees*）一書，曼氏假設人性本惡，繼而提出一些私人的惡德往往會造成公益，即著名的「私德公益說」，譬如個人的奢侈、浪費會造成公共利益，推動社會經濟。此學說，後來為亞當斯密（Adam Smith, 1723-1790）在他的不朽之作——《國富論》（*An Inquiry into the Nature and Causes of the Wealth of Nations*）中引用，方廣為人知，此後即成了古典經濟學的核心學說之一。[1]後來凱因斯（John M Keynes, 1883-1946）在一九二〇年代，鼓勵消費代替儲蓄，認為消費的「乘數效應」更有利於推動經濟發展。

　　另一邊廂，中國也不讓西方學人專美，漢代的歷史學家司馬遷，亦曾提出人類天性賦有追求富裕與奢侈的思想。當然，《史記》一如

1　可參考〔英〕加文・肯尼迪著，蘇軍譯：《亞當・斯密》（北京市：華夏出版社，2009年），頁243-244。

大多數中國經籍也只是條目式，或只是以片言隻字語討論學術問題，故無法與西方或現代學術理論等量，但其啟發性卻令二千多年後的今人驚訝。

第一節　西漢的奢侈社會風氣

二千多年前，司馬遷（西元前145-？）提出類似於西方奢侈經濟學的說法。司馬遷成長於漢初的太平盛世，他沒有像先秦的墨子一般，極端地反對奢侈消費，也沒有像儒家士人般空談仁義，鮮言財利，而是深入地討論奢侈消費的好處，以及人性趨利求富的合理性，其原因實在是與他身處於開放自由的時代不無關係。漢興七十年以來，國家大部分時間都採取開放的經濟政策，百業興旺，人民過著豐足的生活，人們在滿足了「必需品」後，社會開始轉移追求「奢侈品」，奢侈之風日盛，而司馬遷承認奢侈的合理性，構成了〈貨殖列傳〉的重要前提，因為人的欲望是致富的必須條件，若果沒有了欲望，就不可能出現成功的商人，司馬遷也沒有必要寫〈貨殖列傳〉了。

司馬遷稍早時期的思想家──賈誼，在其名著〈治安策〉中，記述了當世的奢華風尚，其謂：

> 今民賣僮者，為之繡衣絲履偏諸緣，內之閑中，是古天子后服，所以廟而不宴者也，而庶人得以衣婢妾。白縠之表，薄紈之裏，緁以偏諸，美者黼繡，是古天子之服，今富人大賈嘉會召客者以被牆。古者以奉一帝一后而節適，今庶人屋壁得為帝服，倡優下賤得為后飾，然而天下不屈者，殆未有也。且帝之身自衣皂綈，而富民牆屋被文繡；天子之后以緣其領，庶人孽妾緣其履：此臣所謂舛也。夫百人作之不能衣一人，欲天下亡

寒，胡可得也？一人耕之，十人聚而食之，欲天下亡饑，不可
得也。饑寒切於民之肌膚，欲其亡為姦邪，不可得也。國已屈
矣，盜賊直須時耳，然而獻計者曰「毋動為大」耳。夫俗至大
不敬也，至亡等也，至冒上也，進計者猶曰「毋為」，可為長
太息者此也。[2]

賈氏身處的時代，奢靡風氣大盛。從上文得知，當時的庶人穿著了古
代帝后的衣物服飾，就連被出賣的奴婢也穿上華麗衣服，奢侈品的種
類繁多，可見當時社會經濟已遠離自給自足的「自然經濟」久矣。一
般百姓也如此，大富人家的生活更是窮奢極侈，因而生起賈誼的「太
息」（嘆息），以致他從道德的層面考慮，徹底反對當時流行的奢侈生
活，與司馬遷不同，他否定了欲望的合理性，並力主在上者應當糾正
這種以「奢靡相競」的敗壞風氣。[3]

　　對此，與司馬遷同時代的司馬相如在其著名的〈子虛賦〉中，也
說當時有人以「奢侈相勝，荒淫相越」的文化[4]，而司馬遷在〈平準
書〉中更直接指出，直到他身處的時代，奢侈風氣已經成為一種在達
官貴人社群中爭相競賽的潮流。[5]漢武帝時的董仲舒，對於當代社會
貧富懸殊的現象也有「富者奢侈羨溢，貧者窮急愁苦」[6]的嗟嘆。由

2　班固：〈賈誼傳〉，《漢書》，頁2243。

3　胡寄窗：《中國經濟思想史》（上海市：上海財經大學出版社，1998年），中冊，頁13。

4　《史記》〈司馬相如列傳〉：「無是公聽然而笑曰：『楚則失矣，齊亦未為得也。夫使
　　諸侯納貢者，非為財幣，所以述職也；封疆畫界者，非為守禦，所以禁淫也。今齊
　　列為東藩，而外私肅慎，捐國踰限，越海而田，其於義故未可也。且二君之論，不
　　務明君臣之義而正諸侯之禮，徒事爭游獵之樂，苑囿之大，欲以奢侈相勝，荒淫相
　　越，此不可以揚名發譽，而適足以貶君自損也。且夫齊楚之事又焉足道邪！君未睹
　　夫巨麗也，獨不聞天子之上林乎？』」（頁3041）

5　《史記》〈平準書〉：「宗室有土公卿大夫以下，爭于奢侈，室廬輿服僭于上，無限
　　度。物盛而衰，固其變也。」（頁1410）

6　班固：〈董仲舒傳〉，《漢書》，頁2521。

此可見，奢侈的風氣在漢代已形成了一種共識，只是大多數人持否定的態度，獨司馬遷力排眾，表示認同，更開創為商人立傳的歷史傳統。

西漢中期，當代的文人學者召開了著名的經濟會議，討論社會經濟時弊，並編輯成《鹽鐵論》一書，書中亦有多處記載西漢武帝新政前後，雖然經歷了新經濟政策的沉重打擊，可是社會仍然充斥著奢靡豪華的風氣，比之漢興七十年以來有過之而無不及，只是消費者由商人變成了達官貴人，財富由民間轉到貴族之手。[7]

另一方面，《鹽鐵論》也記述了當代的知識分子嚴厲地批評其時「奢侈品」的交易頻繁。其實，這些文人不知西漢已經進了經濟發展的新階段，人民不再是自給自足的自然經濟時代，他們口中經常說古人如何節儉，如今人心不古云云。因此，文人才會認為古人對天子生活奢侈的譏諷，在當代對於平民百姓也非常適用，殊不知西漢已進入市場導向（marketing direction）的消費性社會[8]，而不再是自給自足的「自然經濟」社會，當時社會對奢侈品的需求大增，即成了賈誼所說奢靡不堪的社會。簡而言之，當時不只是達官貴人才可以過著奢華的生活，即連「匹夫」之人也同樣可以，上下富足，反映了整個社會都已超越小康的階段，達到藏富於民的境界。[9]

7　《鹽鐵論校注》〈國疾第二十八〉：「僕雖不生長京師，才駑下愚，不足與大議，竊以所聞閭里長老之言，往者，常民衣服溫暖而不靡，器質樸牢而致用，衣足以蔽體，器足以便事，馬足以易步，車足以自載，酒足以合歡而不湛，樂足以理心而不淫，入無宴樂之聞，出無佚游之觀，行即負贏，止則鋤耘，用約而財饒，本修而民富，送死哀而不華，養生適而不奢，大臣正而無欲，執政寬而不苛；故黎民寧其性，百吏保其官。建元之始，崇文修德，天下義安。」（頁332-334）又〈散不足第二十九〉：「古者，衣服不中制，器械不中用，不粥於市。今民間雕琢不中之物，刻畫玩好無用之器。玄黃雜青，五色繡衣，戲弄蒲人雜婦，百獸馬戲鬥虎，唐銻追人，奇蟲胡妲。」（頁349）

8　宋敘五：《西漢的商人與商業》（香港：新亞教育文化公司，2010年），頁54-55。

9　《鹽鐵論校注》〈散不足第二十九〉：「古者，汙尊抔飲，蓋無爵觴樽俎。及其後，

第二節　司馬遷對奢侈風氣的合理化

　　對於西漢社會的奢侈風氣，司馬遷卻不以為然，更沒有像「鹽鐵會議」中的文學賢良般大聲疾呼，慨嘆人心不古，反而他在〈貨殖列傳〉的首段直率地表明人類有兩種本能。其云：

> 老子曰：「至治之極，鄰國相望，雞狗之聲相聞，民各甘其食，美其服，安其俗，樂其業，至老死不相往來。」必用此為務，輓近世塗民耳目，則幾無行矣。太史公曰：夫神農以前，吾不知已。至若詩書所述虞夏以來，耳目欲極聲色之好，口欲窮芻豢之味，身安逸樂，而心誇矜埶能之榮使……[10]

司馬遷先概述了老子心目中「小國寡民」的理想社會，他指在老子的模型中，最美好的社會是國民人人都甘於現狀，沒有任何貪慾，過著安居樂業的生活，司馬遷馬上說，這種情況在當代（即西漢）已不可能實現。同時，他又指出人類具有兩種本能，一種是求利致富之本能，另一種是享樂的本能，這兩點構成他的「求富尚奢觀」的核心。對於人類的求富的原始慾望，司馬遷又說：「俗之漸民久矣，雖戶說以眇（妙）論，終不能化。」意思是說，即使有再高明的學術思想，家家戶戶去跟人說教，也不能輕易把人性改變。

　　司馬遷認為人類為了滿足追求富貴的欲望，可以甘於勞動筋骨、

庶人器用即竹柳陶匏而已。唯瑚璉籩豆而後彤文彫漆。今富者銀口黃耳，金罍玉鍾。中者野王紵器，金錯蜀杯。夫一文杯得銅杯十，賈賤而用不殊。箕子之譏，始在天子，今在匹夫。」（頁351）

10 司馬遷：〈貨殖列傳〉，《史記》，頁3253。

忍受嗜欲、冒著風險，甚至赴湯蹈火。[11]其實，這套理論與二千多年後熊彼得（Joseph Schumpeter, 1883-1950）提倡的企業家精神大同小異，尤並出冒險精神是創業者必備的特質。當然，司馬遷不可能像二十世紀的企業家學派（Entrepreurial School）般找出創新是企業家精神的核心，但司馬遷的觀察已是相當精準。他又指出人性本來就有享樂的本能，本來就是人類為求精神或肉體的滿足，如權力、口腹、耳目之慾等等。為了達到目的，人類往往不惜一切，勇往直前。[12]求利致富的原始本能，是因財富而起，促使人類致力謀取通貨；享樂慾望的本能是要犧牲財富，以換取生理、心理上的物慾與快感，兩者是相輔相成。

　　《史記》〈貨殖列傳〉引用《管子》〈牧民篇〉說：「倉廩實而知禮節，衣食足而知榮辱。」[13]司馬遷與《管子》的作者一樣，都認為政府應當先讓老百姓享受物質文明的成果，進而追求精神文明的發展，最後得以「利民」之境。[14]他在〈平準書〉又說：「眾庶街巷有馬，阡陌之閒成群，而乘字牝者儐而不得聚會。守閭閻者食粱肉，為吏者長子孫，居官者以為姓號。故人人自愛而重犯法，先行義而後絀恥辱焉。」[15]此反映了他一貫的思路，強調先現實而後道德的現實主義思維，當物質層滿足了，才會發展文化層以及價值觀。與此同時，司馬遷又解釋：「禮生於有，而廢於無，故君子富好行其德，小人富以適其力。淵深而魚生之，山深而獸往之，人富而仁義附焉。富者得

---

11 《史記》〈貨殖列傳〉：「能薄飲食，忍嗜欲，節衣服，與用事僮僕同苦樂，趨時若猛獸摯鳥之發。」

12 宋敘五：〈從司馬遷到班固——論中國經濟思想的轉折〉，「中國經濟思想史學會第十屆年會」論文（太原市：中國經濟思想史學會主辦，2002年9月20-23日），頁7-8。

13 《史記》〈貨殖列傳〉，頁3255；《史記》〈管晏列傳〉，頁2132。

14 周俊敏：《管子經濟倫理思想研究》（長沙市：岳麓書社，2003年），頁87。

15 司馬遷：《史記》，頁1420。

執益彰，失執則客無所之，以而不樂。夷狄益甚。」[16]此段引文相當重要，筆者現歸納為以下各點。

第一，司馬遷直接肯定了追求財富是人之本性。

第二，司馬遷認定了人類內在的道德性，他心目中的「禮」，大抵是類屬於無須教育，即有與生俱來的認知。

第三，他以類比推論說明當人致富後自然會發展出仁義，小人除外。他馬上又引用當時流行的諺語，說：「千金之子，不死於市。此非空言也。」日本學者瀧川資言《史記會注考證》作者引用何焯之語，認為司馬遷是以此語佐證人們富裕了就會「知榮辱而恥犯法」[17]，即是與前引的「衣食足，知榮辱」同義。

司馬遷所謂的「天下熙熙，皆為利來；天下攘攘，皆為利往」[18]，這就是成語「熙來攘往」的出處。在此，他用了「天下」一詞，邏輯上屬於「全稱」概念，以此說明了人類的本性都是「尚奢求富」，並認為世上沒有任何例外，人人也為了追求利益而付出努力，這不是與亞當斯密肯定人性自私有異曲同工之妙嗎？

他又於同卷說：「夫千乘之王，萬家之侯，百室之君，尚猶患貧，而況匹夫編戶之民乎？」[19]司馬遷認為不論是貧窮的人抑或富貴人家，內心都一樣會不甘貧賤，而渴望追求富貴，平日過著衣食無憂生活的諸侯尚且如此，平民百姓必然更甚，難以抵抗財富的吸引。

譬如說司馬遷在《史記》〈蘇秦列傳〉中，記載了蘇秦之嫂，當

---

16 〔日〕瀧川資言：《史記會注考證》（新校本）（臺北市：天工書局，1993年），頁2042。

17 〔日〕瀧川資言：《史記會注考證》（新校本）（臺北市：天工書局，1993年），頁2042。

18 司馬遷：〈貨殖列傳〉，《史記》，頁3256。

19 司馬遷：〈貨殖列傳〉，《史記》，頁3256。

蘇秦游說秦惠王不成回家，窮則不以他為叔，但當六國封相後，富則跪地拜金之事，更直接承認因為蘇秦「多金」，此可與人為利來的說法相引證。[20]他說：

> 由此觀之，賢人深謀於廊廟，論議朝廷，守信死節隱居岩穴之士設為名高者安歸乎？歸於富厚也。是以廉吏久，久更富，廉賈歸富。富者，人之情性，所不學而俱欲者也。故壯士在軍，攻城先登，陷陣卻敵，斬將搴旗，前蒙矢石，不避湯火之難者，為重賞使也。其在閭巷少年，攻剽椎埋，劫人作奸，掘塚鑄幣，任俠並兼，借交報仇，篡逐幽隱，不避法禁，走死地如騖者，其實皆為財用耳。今夫趙女鄭姬，設形容，揳鳴琴，揄長袂，躡利屣，目挑心招，出不遠千里，不擇老少者，奔富厚也。游閑公子，飾冠劍，連車騎，亦為富貴容也。弋射漁獵，犯晨夜，冒霜雪，馳阬谷，不避猛獸之害，為得味也。博戲馳逐，鬥雞走狗，作色相矜，必爭勝者，重失負也。醫方諸食技術之人，焦神極能，為重糈也。吏士舞文弄法，刻章偽書，不避刀鋸之誅者，沒於賂遺也。農工商賈畜長，固求富益貨也。此有知盡能索耳，終不餘力而讓財矣。[21]

上引一段文字，司馬遷用了百餘字詳細地說明了人類具有追求財富的本性，他再一次重申這是不用後天學習的本領，而是與生俱來的本

---

20 《史記》〈蘇秦列傳〉：「北報趙王，乃行過雒陽，車騎輜重，諸侯各發使送之甚眾，疑於王者。周顯王聞之恐懼，除道，使人郊勞。蘇秦之昆弟妻嫂側目不敢仰視，俯伏侍取食。蘇秦笑謂其嫂曰：『何前倨而後恭也？』委蛇蒲服，以面掩地而謝曰：『見季子位高金多也。』蘇秦喟然嘆曰：『此一人之身，富貴則親戚畏懼之，貧賤則輕易之，況眾人乎！』」（頁2261）
21 司馬遷：〈貨殖列傳〉，《史記》，頁3271-3272。

能，人人都是生而有之，即是潛意識的基本慾望，是人性最原始、最真實的部分，承認人類生來就有無窮的欲望。他又用了大量例子，不論是男女老幼，士民軍賈，都是為求富趨利而往。他又認為即使是「守信死節」的隱士，也是為了「利」，只是不是狹義上的「利」（即財富），而是廣義上的「利」，其中就包括了「名利」，也包含了獲得社會認同的心理滿足，而產生良好個人聲譽所得的感受，也包括了「博戲馳逐」的爭勝之心，以及在遊戲中獲勝所帶來的喜悅，還有「游閑公子」的衣著排場所帶來的虛榮感等無形的收入。由此可見，這些心理上的滿足，是展示人性「本我」的具體表現。

　　司馬遷在《史記》〈禮書〉更明確指出：「禮由人起，人生而有欲，欲而不得，則不能無忿，忿而無度則爭，爭則亂。」[22]他先確認了慾望是人類生而有之，故此不得不以世俗的「禮」加以規範，以「後天」約制「先天」，此等同荀子所說，禮者，偽也，是人為而成。他認為不以禮規範，就必定會造成社會混亂，此大抵是在引用《管子》「倉廩實，知禮節」的引文，進一步發展而成的哲學觀。

　　簡言之，司馬遷的經濟思想某程度上已經提升至哲學層次，雖然他並未有發展出完整的經濟學說，而《史記》又不是哲學或經濟學的專門敘述，而是散見於其歷史鉅著的片言隻語，當然不能穿鑿附會地說二千年前的司馬遷已超越近代西方經濟學人。由於中國學術一直沒有像近代西方仔細分工，根據亞當斯密（Adam Smith, 1723-1790）的理論，沒有分工，就難以專業化，《史記》是一龐大的史學鉅著，含概層面凡天文地理人文陰陽無所不包，而且每有精妙討論，而其經濟思想達到如此高之水平，實在是極為難得。故此，《史記》的經濟思想一如大多數中國典籍，同是欠缺專門而有系統的敘述，但其有關「求富尚奢」的啟發性，絕不比西方近代經濟學家、哲學家遜色。

---

22 司馬遷：《史記》，頁1161。

當然，積極地承認人類「求富尚奢」的理論，也不是前無古人，也非為司馬遷首創。中國經濟思想史家趙靖指出，先秦諸子如管子、孔子、荀子等人亦認定求利是人類之本性。[23]《管子》〈奢靡篇〉的作者更明確提出「上侈下靡」的主張，即是富人大量消費以造就貧民、工匠、女工的就業機會，有衣食可得。[24]孔子曰：「富與貴是人之所欲也，不以其道得之，不處也。」[25]雖然孔子討論的重點是討論「義利」之關係，屬於倫理學層面的闡述，而司馬氏則是從人類本性的哲學層面切入，試圖解釋人類的經濟行為，像他如此深入從經濟角度闡釋，在中國史上可說無出其右，後世亦未能青出於藍。

根據上述討論，筆者對於司馬遷的「求富尚奢思想」，得出以下結論：

一、人而生就具有享樂的本能；
二、若排除外在條件的限制，求富之心將盡情發揮；
三、求富之心是不可能以人為所能影響，也不可「塗民耳目」，不必要地干預人類求富的天性；
四、富人不一定是不道德，富人中亦有不少仁義之士。

司馬遷比前人更進一步的是，先秦諸子多對貧富分化持否定態度，而司馬氏則視之為合理現象，他指出司馬遷並不認同國家應對此

---

23 趙靖主編：《中國經濟思想通史》，修訂本（北京市：北京大學出版社，2002年），第1冊，頁600。
24 巫寶三：《管子經濟思想研究》（北京市：中國社會科學出版社，1989年），頁150；張固也：《管子研究》（濟南市：齊魯書社，2006年），頁251。
25 《論語》〈里仁〉文，見〔魏〕何晏集解，〔宋〕邢昺疏：《論語注疏》（臺北市：藝文印書館，1965年《十三經注疏》影印清嘉慶二十年〔1815〕南昌府學重刊宋本），頁36a。

加以干預的做法。[26]不但如此，司馬氏更直接地提出富人在社會上應當享有崇高的社會地位。[27]他說：

> 凡編戶之民，富相什則卑下之，伯則畏憚之，千則役，萬則僕，物之理也。夫用貧求富，農不如工，工不如商，刺繡文不如倚市門，此言末業，貧者之資也。[28]

他認為富者理當高高在上，貧者則應當為人役使，這是「物之理也」，此即是社會經濟發展的自然法規，是千古不易之道理，司馬遷把貧富所造成社會地位的差異完全合理化。此種說法不單為古之儒者所否定，亦頗受近代馬克思主義者大力抨擊。司馬遷認定因應工作收入的多寡，而決定該職業在社會中地位的高下，他既認同求富是人之天性，故此從事商業的地位，應當比起農業和手工業為佳，而從事商品賣買，則比起從事手工業能賺取更大的利潤，社會地位自然也會更高，有新達爾文主義（New-Darwinism）的味道。與此同時，他又用了帶有歧視性的字眼（「本末」中的「末」，具有次要的意思）來稱呼商業，故可能有人因此認為司馬遷本身也是歧視商業，但從上文的內容可見，看出了他是肯定了商業在人們選擇職業時所處的優勢，此可視為其敘述中似為矛盾之處。[29]

---

26 趙靖主編：《中國經濟思想通史》，修訂本（北京市：北京大學出版社，2002年），第1冊，頁602。

27 宋敘五：《西漢貨幣史》（香港：中文大學出版社，2002年），頁54。

28 《史記會注考證》（新校本），頁2048-2049。

29 宋敘五認為司馬遷心目中並沒有士農工商四民階層，而認為司馬氏對商人地位應不異於其他職業，見氏著《西漢的商人與商業》（香港：新亞教育文化公司，2010年），頁80。但是此明顯忽略了他在書中大量運用末業來形容商業，而本末一詞，本身就有重要和次要的性質。

司馬遷經濟思想的核心是「善者因之」[30]，即順應市場供需而決定，聽由市場的自然發展。由此推之，他應是反對任何不必要壓抑正當商人的行政手段，此大概是對於漢武帝時的告緡錢及一系列打擊商人與商業的擾民的措施而作出的回應。[31]此因司馬遷認識到慾望是社會經濟發展的動力，壓抑了慾望，則人民不再積極從事生產了。[32]儘管他本人是很同情貧苦大眾，但他視貧富懸殊為一合理的社會現象，此皆因他承認人的經濟慾望所致。[33]

話雖如此，司馬氏的思想富有多元性，即使他承認了奢侈與利己之說為人類的本性，亦不代表他主張毫不節制的縱慾主義者，他也不是主張無度的消費，這因他早已深明老子「盛極必衰，身極必反」的哲學，他對於墨家大部分的思想雖不表認同，但對於墨家的強本節用的主張卻持肯定。[34]他又於〈平準書〉說：

> 當此之時，網疏而民富，役財驕溢，或至兼併豪黨之徒，以武斷於鄉曲。宗室有土公卿大夫以下，爭於奢侈，室廬輿服僭於

30　《史記》〈貨殖列傳〉：「太史公曰：夫神農以前，吾不知已。至若詩書所述虞夏以來，耳目欲極聲色之好，口欲窮芻豢之味，身安逸樂，而心誇矜埶能之榮使。俗之漸民久矣，雖戶說以眇論，終不能化。故善者因之，其次利道之，其次教誨之，其次整齊之，最下者與之爭。」（頁3253）

31　《史記》〈酷吏列傳〉：「會渾邪等降，漢大興兵伐匈奴，山東水旱，貧民流徙，皆仰給縣官，縣官空虛。於是丞上指，請造白金及五銖錢，籠天下鹽鐵，排富商大賈，出告緡令，鉏豪彊并兼之家，舞文巧詆以輔法。湯每朝奏事，語國家用，日晏，天子忘食。丞相取充位，天下事皆決於湯。百姓不安其生，騷動，縣官所興，未獲其利，姦吏並侵漁，於是痛繩以罪。」（頁3140）

32　趙靖主編：《中國經濟思想通史》，修訂本（北京市：北京大學出版社，2002年），第1冊，頁603。

33　胡寄窗：《中國經濟思想史》，中冊，頁56。

34　《史記》〈太史公自序〉：「墨者儉而難遵，是以其事不可徧循；然其彊本節用，不可廢也。」（頁3289）

上，無限度。物盛而衰，固其變也。[35]

又說：

是以物盛則衰，時極而轉，一質一文，終始之變也。[36]

由是觀之，上引〈平準書〉一段，司馬遷大力批評秦代政府的過猶不及，國家肆意開彊拓土，窮民自肥，可見他雖然承認「求富尚奢觀」的合理性，卻也不主張過度揮霍，凡事都要適可而止。司馬遷雖沒有像近代西方經濟學人發展出奢侈雖不利個人，卻有利於社會的經濟思想的「私德公益說」，但他認同富貴享樂之天性，進一步深化了孔子「富與貴是人之所欲也」的思想，再應用於他的經濟史寫作之上，其啟發性實在不讓近世西方古典經濟學家專美。

司馬遷的奢侈思想是他寫〈貨殖列傳〉的立論基礎，就是因為他勇於承認人生而有之的求富欲望，才會為商人立傳，並且在傳內提出許多重要的經濟思想，故我們在分析〈貨殖列傳〉的具體內容前，必須了解這一前提。

第三節　司馬遷的素封論／兼論班、馬之異同

司馬遷以民間學者的身分提出了多元而開放的經濟思想，他肯定人性對財利的追求，並發展出「求富尚奢觀」。惟在司馬遷百年之後，代表官方史學立場的東漢史家班固（32-92），則持完全相反的意見。雖然有學者指出，班氏並未有完全否定商業行為，而只是反對一

---

35 司馬遷：《史記》，頁1420。
36 司馬遷：《史記》，頁1422。

些不義之商人，並且讚揚像「宣曲任氏」般的殷實商人。[37]傳統文化
素來認為臣民富貴與否，其權力應掌握在君王之手，國家主義至上
《商君書》〈靳令篇〉云：「利出一空（孔）者其國無敵。利出二空者
國半利。利出十空者其國不守。」[38]其意思是指國君才有權力予人富
貴名利，所以商君才主張「利出一孔」，否則就不利於國家。就上文
所見，商君、班固的主張完全是基於國家的威權管治而發，《史記》
〈佞幸列傳〉記載：「文帝曰：『能富通者在我也。何謂貧乎？』於是
賜鄧通蜀嚴道銅山，得自鑄錢，『鄧氏錢』布天下。」[39]由此可見，在
統治階級的眼裡，富貴理應由國家造就。然而，司馬遷並不同意以為
商人靠一己之力可成為與封君相提並論，享有崇高的社會地位。司馬
遷在〈貨殖列傳〉中提出「素封」的概念，他說：

> 今有無秩祿之奉，爵邑之入，而樂與之比者。命曰「素封」。
> 封者食租稅，歲率戶二百。千戶之君則二十萬，朝覲聘享出其
> 中。庶民、農、工、商、賈，率亦歲萬息二千，百萬之家則二
> 十萬，而更徭租賦出其中。衣食之欲，恣所好美矣。[40]

---

37 陳其泰、趙永春：《班固評傳》（南京市：南京大學出版社，2002年），頁258。班固
   在《漢書》〈貨殖傳〉中寫道：「宣曲任氏，其先為督道倉吏。秦之敗也，豪傑爭取
   金玉，任氏獨窖倉粟。楚、漢相距滎陽，民不得耕種，米石至萬，而豪傑金玉盡歸
   任氏，任氏以此起富。富人奢侈，而任氏折節為力田畜。人爭取賤賈，任氏獨取貴
   善，富者數世。然任公家約，非田畜所生不衣食，公事不畢則不得飲酒食肉。以此
   為閭里率，故富而主上重之。」以上文字與《史記》〈貨殖列傳〉大致相同，《史
   記》〈貨殖列傳〉說：「宣曲任氏之先，為督道倉吏。秦之敗也，豪傑皆爭取金玉，
   而任氏獨窖倉粟。楚漢相距滎陽也，民不得耕種，米石至萬，而豪傑金玉盡歸任
   氏，任氏以此起富。富人爭奢侈，而任氏折節為儉，力田畜。田畜人爭取賤賈，任
   氏獨取貴善。富者數世。然任公家約，非田畜所生弗衣食，公事不畢則身不得飲酒
   食肉。以此為閭里率，故富而主上重之。」（頁3280）
38 賀凌虛註譯：《商君書今註今譯》（臺北市：臺灣商務印書館，1988年），頁111。
39 司馬遷：《史記》，頁3192。
40 司馬遷：《史記》，頁3272。

司馬遷認為，平民可以藉著商業行為，取得與千戶之君等同的二十萬的收入，即使扣除稅務開支後，仍足以過著美好的生活，他又馬上記述了可能取得年盈利二十萬的行業。[41]另方面，從司馬遷的文字可見，當時不乏社會流動，而經濟活動之發達，使社會充滿了致富的機會。為便閱讀，茲表列如下：

封爵	身分	條件	收息率	年收入	年支出
封君	封君食租稅	千戶之封君	歲率戶二百	二十萬	朝覲支出
素封	布衣匹夫之人	百萬之家	歲萬息二千	二十萬	更徭租賦

班固在〈貨殖傳〉中幾乎完全抄錄了上段文字，惟省略了「素封」二字[42]，此反映了班、馬二人看待富人社會地位的不同看法，司馬遷是肯定的，班固則有所保留，這與他一貫認為平民富者與達官貴人不可相提並論的思想完全吻合。

司馬遷接著說：

今治生不待危身取給，則賢人勉焉。是故本富為上，末富次

---

41 《史記》〈貨殖列傳〉：「故曰：陸地牧馬二百蹄，牛蹄角千，千足羊，澤中千足彘，水居千石魚陂，山居千章之材。安邑千樹棗；燕、秦千樹栗；蜀、漢、江陵千樹橘；淮北、常山已南，河濟之間千樹萩；陳、夏千畝漆；齊、魯千畝桑麻；渭川千畝竹；及名國萬家之城，帶郭千畝畝鍾之田，若千畝巵茜，千畦薑韭：此其人皆與千戶侯等。」（頁3272）

42 《漢書》〈貨殖傳〉：「秦漢之制，列侯封君食租稅，歲率戶二百。千戶之君則二十萬，朝覲聘享出其中。庶民農工商賈，率亦歲萬息二千，百萬之家即二十萬，而更縣租賦出其中，衣食好美矣。故曰陸地牧馬二百蹄，牛千蹄角，千足羊，澤中千足彘，水居千石魚波，山居千章之萩。安邑千樹棗；燕、秦千樹栗；蜀、漢、江陵千樹橘；淮北滎南河濟之間千樹萩；陳、夏千畝黍；齊、魯千畝桑麻；渭川千畝竹；及名國萬家之城，帶郭千畝畝鍾之田，若千畝巵茜，千畦薑韭：此其人皆與千戶侯等。」（頁3686）

之，奸富最下。無岩處奇士之行，而長貧賤，好語仁義，亦足
羞也。[43]

上文的意思是平民以正當的手法，取得與封君等同的地位，他將這些
人稱為「素封」，並肯定了他們靠自身的努力而取得應有的社會地
位，甚至超越封君者，亦大有人在。[44]司馬遷並沒有一概而論，而是
把富人分為不同的層次。他認為靠農業致富的最上，其次是靠商業致
富的人，唯獨是以不當、違法的手後致富者，他表示完全不能接受，
此大有儒家「君子愛財，取之有道」之意。「素封」的概念，對於後
世文學作品也有一定的影響，清人小說《醒世姻緣》有一段對白說：

> 第按臺之力，已罄竭而無餘；問縣帑之存，又釜懸而莫濟。於
> 是與按臺相向躊躇，互為轉輾，不得不告助於鄉先生各孝廉，
> 諸秀士，素封大賈，義士善人者：米豆秫秫粟之類，取其有者
> 是捐；升斗庾釜之區，量其力而相濟。多則固為大德，少亦借
> 為細流。時止三十日為期，數得一百石為率。庶前養不止於後
> 棄，救死終得以全生。伏望鄉先生各孝廉諸秀士素封大賈義士
> 善人者；念天喬纖悉之眾，仁者且欲其生；矧井閭桑梓之民，
> 寧忍坐視其死？誠知地方薦饑有日，諸人儲蓄無幾。捐盆頭之
> 米，亦是推恩；分盂內之飦，寧非續命？則累仁積德，福祥自
> 高施主之門；而持乞哀，功德何有腳夫之力？斯言不爽，請觀
> 范丞相之孫謀；此理非誣，幸質宋尚書之子姓。[45]

---

43 司馬遷：《史記》，頁3272。

44 《史記》〈平準書〉記武帝元狩三年（西元前120）：「於是縣官大空，而富商大賈或
蹛財役貧，轉轂百數，廢居居邑，封君皆低首仰給。」（頁1425）

45 〔清〕西周生：《醒世姻緣》，頁407-408。

在商品經濟捲土重來的明清時代，當時的小說中「素封」是與義士善人並列，可見「素封」亦含仁義善人的意味，而且「素封」也是與孝廉同儕，反映在小說家眼中，「素封商人」的社會地位不弱於孝廉秀士等讀書人，商人地位不亞於士人，此亦代表商人通過仁義而成為「素封」，而「素封」使他們受到社會尊敬，但率先提出此一概念者，正是為正義商人被歧視而抱不平的司馬遷。

相反，《漢書》〈司馬遷傳〉對司馬遷作出嚴詞批評，班固說：「又其是非頗繆於聖人，論大道則先黃老而後六經，序遊俠則退處士而進姦雄，述貨殖則崇勢利而羞賤貧，是其所蔽也。」[46]班固從意識形態出發，幾乎徹底否定了司馬遷的承認求富利己的經濟思想，也不滿他對商人與商業的書寫態度，更認為司馬遷不應把貨殖放在仁義之上，又不該以道家的放任主義思想列在干預主義之前。班固沒有認真考慮司馬遷對經濟行為的區分，如上所述，太史公只是肯定本富、末富，對奸富亦予以嚴屬批評。事實上，班固並沒有對司馬遷「求富尚奢」的商業倫理思想有深入理解，他才是真正的「其所蔽也」。然而，班氏之評價，對後世影響甚巨，就連宋代大儒葉適更指司馬遷不應把商人的事跡寫在書中，葉適更是完全否定太史公的經濟思想。[47]

同一件事上，《史記》與《漢書》展現不同的敘述，我們可以在此中看出二人的寫作方法、立論、心態之差別。譬如說司馬遷在〈貨殖列傳〉中寫道：

> 此其章章尤異者也。至若力農畜、工虞商賈，為權利以成富，大者傾郡，中者傾縣，下者傾鄉里者，不可勝數。[48]

46　班固：《漢書》，頁2737-2738。

47　《司馬遷思想研究》，頁239。

48　司馬遷：〈貨殖列傳〉，《史記》，頁3281。

班固卻說：

> 此其章章尤著者也。其餘郡國富民，兼業顓利，以貨賂自行，
> 取重於鄉里者，不可勝數。[49]

司馬遷所用的「權利以成富」是比較中性的文字，而班固則說「貨賂
自行」，語氣則比較重。此外，班氏在《漢書》〈敘傳〉中清楚表明他
撰作〈貨殖傳〉的動機，他說：

> 四民食力，罔有兼業。大不淫侈，細不匱乏。蓋均無貧，遵王
> 之法。靡法靡度，民肆其詐。偪上并下，荒殖其貨。侯服玉
> 食，敗俗傷化。述貨殖傳第六十一。[50]

顯而易見，司馬遷是以比較中性的文字去描述當時的經濟環境，班固
卻站在道德的高地，一概而論地否定富民，並認為他們不應跟封君一
樣過著「侯服玉食」的生活，從道德而非人類本性的角度，直斥這是
傷風敗俗的行為。

司馬遷在《史記》〈貨殖列傳〉中表示認同人類可憑藉一己的能
耐，在商場上力爭上游，追求富貴，享受奢靡的生活，此為人之常
情。求富之心，是為了滿足享樂之天性，即使生活奢侈，達到王侯一
般的水準，亦並無不可，其底線是不可為富不仁而已。相反，班固的
態度則大相逕庭，他站在道德的高地上，幾近完全否定了致富的心
態，直斥其為「偪上并下」[51]，更認為商人不應過著奢侈的生活。他

---

49 《漢書》〈貨殖傳〉，頁3694。
50 班固：《漢書》，頁4266。
51 班固：《漢書》，頁4266。

又說：

> 陵夷至乎桓、文之後，禮誼大壞，上下相冒，國異政，家殊
> 俗，嗜欲不制，僭差亡極。於是商通難得之貨，工作亡用之
> 器，士設反道之行，以追時好而取世資。[52]

班氏認為奢侈之風助長了貧富懸殊的社會問題，他不像《管子》般認
為上層貴族的奢侈行為，可以造就下層人民的工作機會，他又說：
「富者木土被文錦，犬馬余肉粟，而貧者短褐不完，含菽飲水。其為
編戶齊民，同列而以財力相君，雖為僕虜，猶亡慍色。」[53]由此可
見，他對「以追時好而取世資」[54]的奢侈求富的精神，並未像司馬遷
般加以肯定，[55]也不是像海耶克般，認為節儉、儲蓄是為了日後的投
資，純粹是不喜歡消費。

　　總言之，班固撰〈貨殖傳〉，其中之目的是對司馬遷所提出的
「求富利己觀」加以否定，勸世人敬而遠之，他的主張有強烈的階級
性，認為百姓應當節儉樸素，遑論你是富商巨賈，總之就不應與建制
中人過著同等生活。

　　撰作目的不同，對具體的事實描述的取向也有不同，克羅齊曾說
過：「一切歷史也是當代史。」故此，《史記》、《漢書》在描寫同一史
實時，也難免會夾雜了當代社會的意識形態於其中。譬如司馬遷對於
漢初商業發達的景象，作出以下的評價：

52　《漢書》〈貨殖傳〉，頁3682。
53　《漢書》〈貨殖傳〉，頁3682。
54　《漢書》〈貨殖傳〉，頁3682。
55　趙靖主編：《中國經濟思想通史・第二卷》（北京市：北京大學出版社，1995年），
　　頁73。

> 漢興，海內為一、開關梁，弛山澤之禁。是以富商大賈，周遊天下，交易之物莫不通得其所欲。[56]

班固在《漢書》〈食貨志〉卻說：

> 文帝即位，躬修節儉，思安百姓。時，民近戰國，皆背本而趨末。[57]

對於同一個課題，班固卻有不同的評價，他簡單地將商業發展，以及人民追求富貴皆視之為「背本趨末」，用語帶有歧視性，而非像司馬遷般正視人類的天性。其實，司馬遷在〈太史公自序〉中，提到他撰寫〈平準書〉的動機時，用了「去本趨末」一詞[58]，班固所用的「背」比起司馬遷所用的「去」明顯有著強烈的主觀意識，雖然班氏也曾用去背一詞，但只止一次而已。[59]簡言之，司馬遷的敘述就比較中性，他在《史記》中從未用過背本來形容社會經濟發展，惟當然時人不乏用背本一詞[60]，但班固選用此詞，說明其意識的取態。由此觀

---

56 《史記》〈貨殖列傳〉，頁3261。

57 班固：《漢書》，頁1127。

58 《史記》〈太史公自序〉：「維幣之行，以通農商；其極則玩巧，并兼茲殖，爭於機利，去本趨末。作平準書以觀事變，第八。」（頁3306）

59 《漢書》〈地理志〉：「後世世徙吏二千石、高訾富人及豪傑并兼之家於諸陵。蓋亦以彊幹弱支，非獨為奉山園也。是故五方雜厝，風俗不純。其世家則好禮文，富人則商賈為利，豪傑則遊俠通姦。瀕南山，近夏陽，多阻險輕薄，易為盜賊，常為天下劇。又郡國輻湊，浮食者多，民去本就末，列侯貴人車服僭上，衆庶放效，羞不相及，嫁娶尤崇侈靡，送死過度。」（頁1642-1643）

60 《漢書》〈魏相丙吉傳〉：「條漢興已來國家便宜行事，及賢臣賈誼、鼂錯、董仲舒等所言，奏請施行之，曰：臣聞明主在上，賢輔在下，則君安虞而民和睦。臣相幸得備位，不能奉明法，廣教化，理四方，以宣聖德。民多背本趨末，或有飢寒之色，為陛下之憂，臣相罪當萬死。臣相知能淺薄，不明國家大體，時用之宜，惟民終始，未得所緣。」（頁3137）

之，班、馬二人之經濟思想實在是大相逕庭。司馬遷主張開放山林池澤，反對政府的干預行為，認為這是與民爭利，班固則反對開放型經濟，認為國家不應給予老百姓經營「屬於」國家的產業。[61]

　　宋敘五指出：「班固寫《漢書》〈貨殖傳〉，是要貶抑商人，貶抑富人，貶抑個人發財致富的心理與行為。」[62]此說法未免有點以偏概全，班固作〈食貨志〉就把食貨並列，並認為「食足貨通」[63]是社會發展的重要元素[64]，這比起司馬遷的〈平準書〉重商而輕食顯得更加全面，可見班氏也非完全否定商人與商業，只是《漢書》意圖邊緣化商人，把商人列為「士農工商」四民之末[65]，又把奢侈行為視作負面

61　陳其泰、趙永春：《班固評傳》（南京市：南京大學出版社，2002年），頁257。

62　宋敘五：〈從司馬遷到班固——論中國經濟思想的轉折〉，「中國經濟思想史學會第十屆年會」論文（太原市：中國經濟思想史學會主辦，2002年9月20-23日），頁17。

63　《漢書》〈食貨志〉：「食足貨通，然后國實民富，而教化成。黃帝以下『通其變，使民不倦』。堯命四子以『敬授民時』，舜命后稷以『黎民祖饑』，是為政首。」（頁1117）

64　趙靖主編：《中國經濟思想通史・第二卷》（北京市：北京大學出版社，1995年），頁70-71。

65　宋敘五指出：「司馬遷在《史記》〈貨殖列傳〉中，沒有說四民，只舉出四種生產行業。該四種生產行業是：農、虞、工、商。沒有『士』。更沒有『士、農、工、商』的說法。司馬遷說：『故待農而食之，虞而出之，工而成之，商而通之。』又說：『農不出則乏其食，工不出則乏其事，商不出則三寶絕，虞不出則財匱少，財匱少則山澤不辟矣，此四者，民所衣食之原也。』班固將司馬遷的『農、虞、工、商』四業，改為『士、農、工、商』四業。少了一種行業，就是『虞』；多了一種行業，就是『士』。又再看看班固對『士』的說法是：『士相與言仁誼於閒宴。』可見『士』已經不是一種生產行業，而是一種不事生產的行業。是在班固的觀念中，社會上的生產行業，已經由四種縮減為三種。減少了『虞』。從上古到西漢，『虞』都是一個主要的生產行業。它是除農業之外，人類開發利用大自然並造福人類的一種行業，諸為後代的漁、林、礦、牧等行業，在古代都屬於『虞』的範圍。司馬遷說：『虞不出則財匱少，財匱少則川澤不辟矣。』可以看到『虞』這一種行業的重要性。」見氏著〈從司馬遷到班固——論中國經濟思想的轉折〉，「中國經濟思想史學會第十屆年會」論文（太原市：中國經濟思想史學會主辦，2002年9月20-23日），頁14-15。

的社會現象，更反對在當代著名的巨富，如秦楊、翁伯、張里、張氏、質氏等平民，他們經過自身的努力，力爭上游，達致社會流動，然後享受財富帶來的物質生活，超過了平民應有的身分，班氏認為這是「越法」[66]，此「法」並非指法律，而是指法度，即他心中的道德標準。班氏又否定經營鹽鐵的商人，認為這些是與官爭利，打從一開始，他已經是站在統治者而非人民的立場去討論經濟事務。[67]故認為班固完全否定商業，雖言過其實，但仍然有一定的參考價值，就是班氏對商業的態度遠較司馬遷保守。由此可見，班氏不像司馬遷坦誠地承認人性之貪慾，又提出「素封」的說法，鼓勵平民通過合理的手段致富，達至社會流動。班、馬之異，實在是保守與開放，干預與自由的一大對比。

自班固以降，中國經濟思想史上以班氏為首的節儉學說可謂壓倒了司馬遷的奢侈學說，幾乎成為歷代文人墨客的金科玉律。從司馬遷到班固，由開放到閉固，這絕非偶然，而是反映中國學術發展由多元走向單一的路徑，在多元的學術環境，才可以產出與國家政策不盡相同的思想，但是漢武帝奠定了學術一元化的路向，儒學成為了正統，其他學派日趨邊緣化，東漢以後，學術環境愈趨保守。即使在西漢晚期，鹽鐵會議之中，時人都尊稱司馬遷為司馬子，又多引用他的分析，可見當時思想仍是多元的，但到了東漢，情況就不一樣了，文人學者必須跟隨國家的主旋律，否則就難以得到世人的肯定（更重要的是官方的肯定）。久而久之，形成了一種大氛圍，一種具排他性的意識形態，一種話語霸權，凡是與此不同，都被視之為「異見」，就像

---

66 《漢書》〈貨殖傳〉：「其餘郡國富民兼業顯利，以貨賂自行，取重於鄉里者，不可勝數。故秦楊以田農而甲一州，翁伯以販脂而傾縣邑，張氏以賣醬而隃侈，質氏以洒削而鼎食，濁氏以胃脯而連騎，張里以馬醫而擊鍾，皆越法矣。」（頁3694）

67 趙靖主編：《中國經濟思想通史·第二卷》，頁73。

宋代大儒葉適一般，對司馬遷口誅筆伐。其實，此傳統早在班固之世已留下伏筆。

　　「素封」是司馬遷提出的新概念，這不是單純的歷史事實，而是他個人的歷史認識，更準確地說，是司馬遷在觀察歷史時，結合了他主觀的意願，利用歷史敘述，再加上文學想像，從而創造出來的歷史概念。「素封」並不真實存在於歷史之上，而是出現於司馬遷的歷史與文學敘述之中。

第四節　餘論：司馬光、陸輯與司馬遷

　　宋儒司馬光（1019-1086）在其名著〈訓儉示康〉[68]說：「『儉，德之共也；侈，惡之大也。』共，同也；言有德者皆由儉來也。夫儉則寡欲：君子寡欲，則不役於物，可以直道而行；小人寡欲，則能謹身節用，遠罪豐家。故曰：『儉，德之共也。』」司馬光不但把節儉視為經濟問題，更視之為道德問題。反之，奢侈則是不合道理，有違世俗禮教。他又說：「侈則多欲：君子多欲，則貪慕富貴，枉道速禍；小人多欲，則多求妄用，敗家喪身。是以居官必賄，居鄉必盜。故曰：『侈，惡之大也。』」司馬光的說法，某程度上代表了傳統中國文化的主流思想，上至國家，下至平民，大多深信奢侈與道德掛鉤。奢侈不只是經濟行為，而且涉及到道德層面。反觀漢代的司馬遷，他承認了奢侈是人的本性，並指出本性非由外間力量可阻，而司馬溫公卻完全否定了慾望的追求，溫公之保守實可反襯太史公對人性面目的包容。

　　當然，歷史上也並非再沒有出現像司馬遷般開放的經濟思想，例如明代的知識分子陸輯（1515-1552）在〈禁奢辨〉也提出了與司馬

68　此文收於《古文觀止》。

遷相當類似的說法[69]，他更露骨地為奢侈作辯護，駁斥世人的種種誤解，此實比司馬遷更進一步。陸氏更直接指出「大抵其地奢，則其民必易為生；其地儉，則其民必不易為生者也。」又云：「彼有所損，則此有所益。」[70]此言與曼德維爾的奢侈對個人可能會造成損害，卻會為社會造成公益的說法大同小異。然而，陸氏稱不上是大儒，其奢侈學說沒有在中國成為主流思想，沒有代表性，其作品也不像大儒司馬光的〈訓儉示康〉般流傳千古。[71]

在西方，曼德維爾的說法卻獲古典經濟學家所廣泛接納，一直影響至今，陸氏也好，司馬遷也好，亦不能同日而語。儘管著名歷史學家余英時指出自十五世紀以來，中國歷史上有不少棄儒就賈的例子，而商人的社會地位也不斷提升。[72]但是司馬遷的「求富尚奢」學說，卻未能在知識分子中佔有主流的位置，這是不能否認的事實。

第五節　結語

中國的奢侈經濟思想未曾流行。究其原因，很可能是因為中國長期處於自給自足的農業經濟社會。第一，能夠奢侈的人不多。其次，在商業不太發達的情況下，商品交易稀少，奢侈又未必會帶來巨大的社會公益。再次，農業社會必定要積穀防饑，糧食難以收取利息，而且還要付倉租，奢侈會危及到社會安危。反過來說，因各種緣由，歐洲在近世走上了資本主義的道路，在商業繁榮的社會，「私德公益

---

69 彭小萍：《儒家是否真的反消費？》（中壢市：國立中央大學產業經濟研究所博士論文，2007年），頁17。

70 引自電子《四庫全書》。

71 同前註，〈序言〉頁6。

72 余英時：〈中國近世宗教倫理與商人精神〉，《士與中國文化》（上海市：上海人民出版社，2003年），頁513。

說」自然大有市場。更重要是，中國自漢武帝以後，皇權日盛，士風
漸衰，言論自由大不如前。[73]

　　司馬遷的經濟思想並非偶爾而發，而是集先秦以來的知識分子的
遺產而成，因先秦百家爭鳴以及西漢初年無為而治，其時社會氣氛較
為開放，諸侯割據稱雄，對學問的需求殷切，為諸子學說提供有利的
土壤，加上言論相對較為自由，司馬遷在此環境下自然能夠提倡開明
的經濟學說。然而，自漢武帝當權以後，設立學官，獨尊儒家，自由
開放的社會形態漸漸不再，中國的學術環境由多元走向一元，班固、
司馬光等儒家式節儉思想成為主流，像司馬遷奢靡觀一類開明的思想
不受到歷來士人的重視，即使得了明代，陸輯推陳出新，另立新說，
提倡奢侈經濟學說，卻沒有為幾近一元化的知識界帶來巨大的震撼。

　　簡言之，任何偉大的思想都只會萌生於自由開放的時代，要麼就
是政府容許人民有言論、學術自由，要麼就是天下大亂，政府無力干
預學術，甚至不得已要借助學者之力，視學者為上賓，知識分子在此
情況下，才能建構有別於官方意識形態的著述，使學術真正的百花齊
放，在此環境下，方能出現司馬遷般的別具一格的論述。

---

73 余英時：〈道統與政統之間〉，《史學與傳統》（臺北市：時報文化出版事業公司，
　　1982年），頁30-70。

第五章
司馬遷「善者因之」經濟思想探微

　　司馬遷（西元前145-？）在〈貨殖列傳〉中，試圖建構一個理想的社會經濟模式，而他在不同紀傳的歷史敘述中，把漢初的無為而治，塑造成治國的典範，他根據自己的觀察與想像，歸納出獨樹一幟的經濟思想，並以此作為批評時政的依據，故此，〈貨殖列傳〉不單是一篇史學研究，而是一篇充滿主觀想像的文學敘述的文章。中國文學史上素有借古諷今的傳統，古人絕少勾畫出未來藍圖，反而喜歡從傳統歷史文化中找出答案，這方面，司馬遷也不例外。

　　簡言之，司馬遷多有創新的思想發明，但因為他自身的經驗，以及意識形態的影響，故他在寫作〈貨殖列傳〉時，亦帶有諷刺文學的特色，在歷史與文學敘述的過程中，闡述其經濟思想，而暗批漢武帝的新經濟政策，宣洩他對現實的憎惡，而「善因論」是太史公最為重要的經濟思想，其譏諷武帝的筆鋒也是最為明顯。

第一節　「善者因之」釋義

　　二千多年前，太史公司馬遷在《史記》〈貨殖列傳〉中提出劃時代的經濟思想，他先引出老子心中小國寡民，抑制人性慾望的主張，再說這種情況在當代已是不可能再現[1]，之後他馬上提出本傳中最重

1　《史記》〈貨殖列傳〉：「老子曰：『至治之極，鄰國相望，雞狗之聲相聞，民各甘其食，美其服，安其俗，樂其業，至老死不相往來。』必用此為務，輓近世塗民耳目，則幾無行矣。」（頁3253）

要的言論，他說：

> 夫神農以前，吾不知已。至若詩書所述虞夏以來，耳目欲極聲
> 色之好，口欲窮芻豢之味，身安逸樂，而心誇矜埶能之榮使。
> 俗之漸民久矣，雖戶說以眇論，終不能化。故善者因之，其次
> 利道之，其次教誨之，其次整齊之，最下者與之爭。[2]

我們先看歷代學者定義。《史記正義》解為：

> 言其善政者，因循清淨隨俗而誘之，其次以利引之，其次設化
> 變改之，整齊不貪之，最下者與眾爭利及夸矜也。[3]

日本學者瀧川資言認為：

> 因，從自然也，利，順利之。利，非利益之利。道，讀為導。
> 最下者與之爭，譏武帝興利。[4]

經濟思想史學者胡寄窗認為「善者因之」的意思是指不主張人為的干
涉。[5]趙靖進一步說明：「（太史公）提出了以放任為主的善因論，反
對封建政府對社會經濟生活過多干預。」[6]香港學者宋敘五解釋為政

2　〈貨殖列傳〉，《史記》，頁3253。
3　〈貨殖列傳〉，《史記》，頁3253。
4　〔日〕瀧川資言：《史記會注考證》（新校本）（臺北市：天工書局，1993年），頁
　　1354。
5　胡寄窗：《中國經濟思想史》（上海市：上海財經大學出版社，1998年），中冊，頁
　　53-55；《司馬遷思想研究》（北京市：華文出版社，2005年），頁258。
6　趙靖主編：《中國經濟思想通史》，修訂本（北京市：北京大學出版社，2002年），
　　第1冊，頁603。

府經濟政策的最善者，是順其自然，對人民的經濟生活不加干涉。其次是因勢利導。再次是用教育的方法說服人民，再次是用刑罰規限（他認為是法律）人民，最差的方法是與民爭利。[7]臺灣學人楊芳華認同上引《史記正義》的解釋，認為「因之」是指「因循之術」。[8]

　　筆者卻認為他們並未為「干涉」下準確的定義。如此，那麼監管（regulate）、調控（control）屬不屬於干預／干涉（intervene）？司馬遷所說的「因之」，也不純粹是因循舊事之義，亦非近代西方的「無政府主義」。筆者相信司馬遷是認同法例監管的必要性，適當的監管，能清楚地界定產權，以減低交易成本，而管見認為，「因之」應是指自由開放的意思[9]，簡單來說，可解釋為「因循」客觀形勢的發展，採取不同的應對，而非完全放任不管之意，此大有先秦黃老學派「是故聖人與時變而不化，從物而不移」（《管子》〈內業〉）[10]的味道。其次是「利道」，本文認為這是指疏導經濟，以政策吸引市場發展，故「因之」與「利道」是有一定的區別。再次是「教誨」，這裡

7　宋敘五：〈從司馬遷到班固——論中國經濟思想的轉折〉，「中國經濟思想史學會第十屆年會」論文（太原市：中國經濟思想史學會主辦，2002年9月20-23日），頁4。

8　楊芳華：《漢初黃老學說的經世觀及其實踐》（高雄市：國立中山大學中國文學系研究所碩士論文，2006年），頁195。

9　以下文獻均摘自《四庫全書》全文索引。《歷代名臣奏議》載宋人說：「臣願考祖宗之法與今日所行善者因之，否者革之。」這裡的「因之」是指因循，即是不改變的意思。《郡齋讀書志》：「歐公解《詩》，毛、鄭之說已善者，因之不改。」此處的「因之」也是指因循不改之義，與太史公的無為放任有所不同。明朱鶴林《愚庵小集》：「愚以為此篇大蓋指于善者因之，其次利道之，又次整齊之，最下者與之爭。夫天子之富藏於山海，高祖初興，開關梁弛山澤之禁，之以富商大賈周流天下交易之物，莫不通得其所欲，此非所謂因之與利道之者乎？迨至武帝，征伐四夷，大興神仙土木之事，國用耗竭，其勢不得不出于爭……」朱鶴林簡單地把「利道」與「因之」混為一談，並以漢初開山林之禁就當「因之」，是對歷史不同階段簡化的結果。

10　陳佩君：《先秦道家的心術與主術——以《老子》、《莊子》、《管子》四篇為核心》（臺北市：國立臺灣大學哲學研究所博士論文，2008年），頁202。

顯然是指通過教誨、鼓勵、政策等的方法刺激經濟。

最後，「與之爭」顯然是指直接的經濟干預，自由經濟主義者認為，過多的干預被認為是不合理，海耶克主義更認為干預會使政府的權利過大，導致獨裁出現，司馬遷似乎有此傾向，故稱之為「最下」。

此外，司馬遷所用的「其次」二字，當然有等序差異之分，但似不具有排斥性，可見他不一定反對「其次」的做法，而「其次」很可能是指按不同情形來處理的手法，大有因事制宜的哲學思維。從「最下」可以反推出「善者因之」是最上佳的做法，「最下」則是最不可取，具有明顯的貶義。不少人以二元對立思維去理解「其次」的概念，以為司馬遷崇尚「善者」就一定是否定「其次」，但筆者卻認為司馬遷慣用多元思維，其次、再次只有序列之別，而不完全是非「善者」就不可取的單向式思考。加上他曾在〈太史公自序〉直接指出：「民倍本多巧，奸軌弄法，善人不能化，唯一切嚴削為能齊之。」[11]由此可見，他並不反完全反對整齊之法（由政府界定產權）。

司馬遷在〈貨殖列傳〉又說：「是故本富為上，末富次之，奸富最下。」[12]這裡的本富是指農業，而末富是指商業，雖然「本末」素來是有主次之意，表面來看來，似乎仍略帶有「重農抑商」的意味，但若細閱〈貨殖列傳〉則會發覺不然，司馬遷是主張農商並興，故這裡的「其次」，也沒有排斥之意。退一步說，即使本末真的具有歧視性質，但從本章看來，也不見次之是有完全否定商業的意味，甚至有表揚正當商人之本意。

眾所周知，司馬遷的經濟思想極具「道法自然」的哲學色彩，道家強調天地有道，順著自然的發展的哲學原則，而《老子》哲學就以

---

11 《史記》〈太史公自序〉：「民倍本多巧，姦軌弄法，善人不能化，唯一切嚴削為能齊之。作酷吏列傳第六十二。」（頁3318）

12 司馬遷：《史記》，頁3272。

宇宙論伸展至人生論，再推至現實的政治層面，進而追求「無為而無不為」的境界。司馬遷身為漢代黃老學派的代表人物，他在〈貨殖列傳〉中試圖把道家哲學套於社會經濟發展之上，以提煉出一套經濟學的「道」。他認為經濟發展之中，有一自然的「道」，政府只要聽其自然發展，則可達至無所不為之效。還有，司馬遷的「善者因之論」主張政府應當對市場「積極不干預」，而非完全不干預，他只是主張聽由市場的供應需求發展而已，不難理解，此處是針對漢武帝有為的經濟政策而寫下的文學敘述，其充滿針對性質與諷刺味道。不難想像，他並非「干預萬惡論者」，也非信仰完全放任，這從他對漢武推行的新政，並沒有完全的否定，即略知一二。

回看歷史，司馬遷最為推崇的文景之治，但也非毫無管制，故以往學者往往以「放任」一詞來概括，未免太過簡單，亦不太恰當。司馬遷對漢興七十年以來的評價極高，此可說明他並非盲目相信「放任主義」。[13]故此，司馬遷認識到順應自然有助經濟恢復，但他的思維絕非一成不變，他亦理解到市場波動亦屬平常事，這一切，都不過是「道」的自然變化，政府必要時可以對市場進行管理，故他提出「因循」（順著）客觀的形勢作出回應，必要時還可利導與教誨，但其底線是政府應避免直接與民爭利，這會扼殺市場的自我發展，他認為這是「最下」的做法。（下文稱其理論為「善因論」）

司馬遷身處的時代，正值漢武帝推行經濟改革，李埏等著的《史記・貨殖列傳》研究》說：「司馬遷的這一經濟思想主要是針對武帝時期實行的鹽鐵官營、酒榷、平準、均輸等政策，而司馬遷是極

---

13 即使在現代社會，號稱世界上最自由的經濟城市——香港，不論是港英還是特區政府對經濟活動也不是完全放手不管，如石油、交通運輸、水電力、電視臺等都有嚴屬的監督，故有論者誤以為「自由放任」是「無政府主義」，是極不恰當。今天尚且如是，古代政府對經濟活動的必要性管制亦屬正常。

力反對這些政策的。」[14]從性質而言，均輸、平準制度（不是指執行時的變質）本來是不應具備與民爭利的條件，只不過是屬於市場調控的做法，我們不宜將之混為一談，否則難以理解太史公一邊反對「平準」，另一邊卻以「平準」為書命名的用意。[15]《史記》〈平準書〉：「大農之諸官盡籠天下之貨物，貴即賣之，賤則買之。如此，富商大賈無所牟大利，則反本，而萬物不得騰踊。故抑天下物，名曰『平準』。」[16]司馬遷指出：平準政策令富商無法獲取暴（大）利，但這並不代表他因而反對「平準」，因他在〈貨殖列傳〉中指出各行業合理的平均年利率（average profit rate）為百分之二十[17]，故「無大利」本身不違反他的整體思想，而平準的制度（若然行之有效，但因執行成本昂貴，故難以取得成功），又可使物價回落，有利民生，實在是利大於弊。

另一重點是均輸制度，司馬遷在〈平準書〉說：「邊餘穀諸物均輸帛五百萬匹。民不益賦而天下用饒。」[18]司馬遷也不得不承認均輸等政策是對國家財政以及減輕人民的負擔有很大的益處，故前人多以為司馬遷的「善因論」排斥均輸、平準等整齊之法，是毫無道理。

惟《鹽鐵論》〈本議第一〉記載於漢昭帝之時的鹽鐵會議中，有民間學者指出其弊端，其云：

---

14 李埏等：《《史記・貨殖列傳》研究》（昆明市：雲南大學出版社，2002年），頁177。

15 司馬遷雖對武帝不滿，他卻沒有完全否定封禪之性質，司馬談以未能參予封禪為恨，故他作〈封禪書〉雖充分諷刺性，卻不代表他根本性反對封禪。

16 司馬遷：《史記》，頁1141。

17 《史記》〈貨殖列傳〉：「封者食租稅，歲率戶二百。千戶之君則二十萬，朝觀聘享出其中。庶民農工商賈，率亦歲萬息二千，百萬之家則二十萬，而更徭租賦出其中。」（頁3272）

18 司馬遷：《史記》，頁1441。

文學曰：「……今釋其所有，責其所無。百姓賤賣貨物，以便
上求。間者，郡國或令民作布絮，吏恣留難，與之為市。吏之
所入，非獨齊、阿之縑，蜀、漢之布也，亦民間之所為耳。行
姦賣平，農民重苦，女工再稅，未見輸之均也。縣官猥發，闔
門擅市，則萬物并收。萬物并收，則物騰躍。騰躍，則商賈侔
利。自市，則吏容姦。豪吏富商積貨儲物以待其急，輕賈姦吏
收賤以取貴，未見準之平也。蓋古之均輸，所以齊勞逸而便貢
輸，非以為利而賈萬物也。」[19]

同章又曰：

文學對曰：「竊聞治人之道，防淫佚之原，廣道德之端，抑末
利而開仁義，毋示以利，然後教化可興，而風俗可移也。今郡
國有鹽、鐵、酒榷，均輸，與民爭利。散敦厚之樸，成貪鄙之
化。是以百姓就本者寡，趨末者眾。夫文繁則質衰，末盛則質
虧。末修則民淫，本修則民愨。民愨則財用足，民侈則飢寒
生。願罷鹽、鐵、酒榷、均輸，所以進本退末，廣利農業，便
也。」[20]

上文記載民間學者提出均輸、平準之法在執行上引起的種種問題，如
執行的官吏把收賣貨物的標準擴張至「萬物並收」，由於衡量成本太
貴，官吏往往胡亂訂價，非常擾民，必定使得物價飛漲，另有某些官
員利用職權獲取利益，最後造成與民爭利的負面效果[21]，即使是在專

19　《鹽鐵論校注》，頁5。
20　《鹽鐵論校注》，頁5。
21　《鹽鐵論校注》〈本議第一〉：「文學曰：……今釋其所有，責其所無。百姓賤賣貨

制社會，官吏至上，人民無從監管，導致官富民貧，這關涉到執行上的技術性問題，則屬後話，非「公正的旁觀者」[22]可以預見，司馬遷當然也不能例外。再說，著名的鹽鐵會議是發生於昭帝之時，當時司馬遷早已不在人世，有關制度或許已經變質，並沒有任何有力的史料可以說明司馬遷本人是反對均輸、平準，但我們可以推測，如果司馬遷目睹「萬物並收」的情況，他一定會反對這種擾民的制度。

另方面，當時武帝為了出擊匈奴，充實國家財政，故大力推行的專賣制度，與民爭利。然而，此是司馬遷的「善因論」中，最不能允許的措施，因為此不單扼殺了有關行業的生存空間（〈貨殖列傳〉所記載的商人幾乎全是鹽鐵商，而司馬遷對他們推崇備至），迫使商人無利可圖，不利社會經濟的發展，更是意味著大幅增加了間接稅，由於食鹽是生活的必需品，而鐵器更是依靠農業謀生之人，不可或缺的工具，對人民來說屬於雙重徵稅，故專賣制度實在是大大加重人民的經濟負擔，對商人、農民也是百害而無一利。

另外，專賣制度的推行代表結束了文帝以來人民自由開發林池澤的政策[23]，導致通貨收縮，這都是「最下與之爭」的模式。加上漢武

物，以便上求。間者，郡國或令民作布絮，吏恣留難，與之為市。吏之所入，非獨齊、阿之縑，蜀、漢之布也，亦民間之所為耳。行姦賣平，農民重苦，女工再稅，未見輸之均也。縣官猥發，闔門擅市，則萬物并收。萬物并收，則物騰躍。騰躍，則商賈牟利。自市，則吏容姦。豪吏富商積貨儲物以待其急，輕賈姦吏收賤以取貴，未見準之平也。蓋古之均輸，所以齊勞逸而便貢輸，非以為利而賈萬物也。」同章又曰：「文學對曰：竊聞治人之道，防淫佚之原，廣道德之端，抑末利而開仁義，毋示以利，然後教化可興，而風俗可移也。今郡國有鹽、鐵、酒榷，均輸，與民爭利。散敦厚之樸，成貪鄙之化。是以百姓就本者寡，趨末者眾。夫文繁則質衰，末盛則質虧。末修則民淫，本修則民愨。民愨則財用足，民侈則饑寒生。願罷鹽、鐵、酒榷、均輸，所以進本退末，廣利農業，便也。」（頁5）

22 亞當斯密的用語，專指經濟學家。

23 《史記》〈平準書〉：「漢興，海內為一，開關梁，弛山澤之禁，是以富商大賈周流天下，交易之物莫不通，得其所欲，而徙豪傑諸侯彊族於京師。」（頁1417）

帝採用對後世影響極深的楊可告緡之計[24]，大力打擊富商大戶，對商業造成了史無前例的傷害，把春秋戰國以來商品經濟累積的成果一下子掃除，立即使大量的商人因而破產[25]，班固的〈貨殖傳〉抄錄了司馬遷紀錄的商人後，就再無出眾的人物可寫了，直至西漢末年，才有商事蹟值得書寫幾句，此反映政策對當代社會所造成的災難性影響。司馬遷對此亦是不可忍受，故他才提出「善因論」來回應此等有為的經濟政策。由此可見，太史公在〈貨殖列傳〉的「善因論」，並非只於單純地記述歷史，而是具有深層的現實意義與文學敘述的特色。

第二節　「善因論」的歷史意義

身為忠實的歷史學家，司馬遷的經濟思想、哲學觀，主要是從觀察歷史發展、社會現象而來，而非完全依賴個人感性上的偏好，更不是無中有生。他亦非現代經濟學者以創造理論模型，他與西方古典經濟學家一樣，大多數敘述也是據史而論，以事論事。故此，我們若只以《史記》的記載為考察對象，難免陷入循環論證的盲點。至於《漢書》，班固對於西漢史事的描述，大部分都是抄襲自《史記》，故更不可以以《漢書》來引證《史記》。故此，要了解西漢初年的情況，我們應當參考出土材料，再結合傳統文獻，力圖還原司馬遷所觀察的史事，先了解其思想的時代背景，再從而推斷其經濟思想的內涵。因為古代學者仍然離不開依事而論的階段（即使亞當斯密亦如是），不像近代以來學人般注意通則、創造理論，故先了解司馬遷所觀察的史

---

24 《漢書》〈武帝紀〉：「十一月，令民告緡者以其半與之。」顏師古引孟康曰：「有不輸稅，令民得告言，以半與之。」（頁183）

25 《史記》〈平準書〉：「於是商賈中家以上大率破，民偷甘食好衣，不事畜藏之產業，而縣官有鹽鐵緡錢之故，用益饒矣。」（頁1435）

事，是極其重要的。

　　回看歷史，孝文帝時曾多番下詔，鼓勵人民發展農業，在現代經濟學的角度，是政府「選擇」某一行業，加以扶植。這應是司馬遷口中的「其次教誨之」的階段。

　　今檢傳統的史書：

> 農，天下之本，其開籍田，朕親率耕，以給宗廟粢盛。[26]

又有另一條史料可佐證：

> 農，天下之本，務莫大焉。今勤身從事而有租稅之賦，是為本末者毋以異，其於勸農之道未備。其除田之租稅。[27]

尚有大量類似的記述，不在此一一引錄。[28]

　　若用「善因論」來看，文帝此等舉措是屬於「教誨之」一類，政府利用政策鼓勵人民務農。另外，為了保護山林的持續發展，文帝下詔「教誨」人民，不過成效並不顯著，所以於文帝十二年再一次下詔。[29]事實上，漢初仍未完全開放山林池澤，而是有一定的法律規管，至少在文帝以前如是。另外，保護山林之法也非始於文帝，事實上，最晚於呂后在位之時，就曾有明文法令保護山林。一九八三年於江陵西漢墓出土的張家山漢簡（書寫時間為西元前一八七至前一七九

26　司馬遷：〈孝文本紀〉，《史記》，頁423。

27　司馬遷：〈孝文本紀〉，《史記》，頁428。

28　讀者可參考許倬雲《漢代農業》（桂林市：廣西師範大學出版社，2005年）的附錄史料彙編。

29　《漢書》〈文帝紀〉：「吾詔書數下，歲勸民種樹，而功未興，是吏奉吾詔不勤，而勸民不明也。」（頁124）

年左右）[30]中的《二年律令》〈田律〉有載：

> 禁諸民吏徒隸，春夏毋敢伐材山林，及進（壅）隄水泉，燔草
> 為灰，取產*（麛）卵*（*）；毋殺其繩重者，毋毒魚。（249簡）

《二年律令》的法令也與漢代諸多法律一般，基本上是沿自秦代法律
條文，今檢一九七五年出土的《睡虎地秦墓竹簡》〈秦律十八種〉〈田
律〉（書寫時間為西元前二一七年左右）[31]：

> 春二月，毋敢伐材木山林及雍（壅）隄水。不夏月，毋敢夜草
> 為灰，取生荔、麛（卵）彀，毋□□□□□□毒魚鱉，置罔
> （網），到七月而縱之。唯不幸死而伐綰（棺）享（槨）者，
> 是不用時。邑之（近）皂及它禁苑者，麛時毋敢將犬以之田。
> 百姓犬入禁苑中而不追獸及捕獸者，勿敢殺；其追獸及捕獸
> 者，殺之。河（呵）禁所殺犬，皆完入公；其它禁苑殺者，食
> 其肉而入皮。[32]

一九七四年在甲渠侯官遺址出土了〈塞上烽火品約〉，一般稱為「居
延新簡」，其中亦有相近的記載：

> 吏民不得伐樹木（EPF22.49）；
> □山林，燔草為灰，縣鄉秉□□□□（EPT5.100）；
> 甲渠言部吏毋犯四時禁者（EPF22）[33]

30　李零：《簡帛古書與學術源流》（北京市：三聯書店，2008年），頁99、117。

31　李零：《簡帛古書與學術源流》，頁99。

32　見朱紅林：《張家山漢簡二年律令集釋》，頁164-165。

33　以上引文均見朱紅林：《張家山漢簡二年律令集釋》，頁164-165。

上述史料大抵可引證文帝前後，並非某些人認為一般處於無政府狀態，從保護山林等法例可見，當時的自由經濟政策不等於完全放任不管，而是有一定的限制。相類的史料比比皆是，不一一引述。但司馬遷筆下，一再把高帝至漢武前期的七十年視為一個整體，將之概念化為自由放任的時代，其實這只不過是他在歷史敘述中加上主觀的想像，化成輔助他主張的文學敘述，「善者因之」正是司馬遷為後人塑造出來，構成我們對漢初社會經濟的歷史印象。嚴格來說，前人簡單地使用「放任」一詞來描述漢初的情形，未免過於含混不清，沒有分清司馬遷的歷史認識與歷史事實的區別，也是極不恰當。

其實，不論是「教誨之」、「整齊之」，甚至是「因之」都充分反映在漢興數十年的歷史發展之中，比如文帝時下令取消關卡檢查制度，為社會創造有利的營商環境，促使商貨流通不絕[34]，可見政府有著自由政策的傾向，但我們不可以把漢初說成「完全放任」。漢政府奉行「無為而治」的同時，亦必須有一定的法律規管，如《二年律令》規定，擴大居宅時不許與原來的屋宅相連[35]，在文帝開放山林之前，漢初一直徵收山林開發稅，從《二年律令》〈金布律〉得知：煮鹽稅為六分之一；採鉛稅為十分之一；採金稅為每人十五分銖二等等。[36]司馬遷把漢初的數十年均視為「因之」的典範，實在與歷史事實不相合，這只不過是他的歷史認識而已。故此，我們只能把「因之」視作類似「積極不干預主義」（positive noninterventionism，或作「選擇性干預」selective interventionism），而非「完全不干預」，而

---

34 高敏：〈論漢文帝〉，《秦漢魏晉南北朝史論考》（北京市：中國社會科學出版社，2004年），頁6。

35 高敏：〈從《張家山漢簡二年律令》看西漢前期土地制度〉，《秦漢魏晉南北朝史論考》，頁134。

36 高敏：〈關於漢代有「戶賦」、「質錢」及各種礦產稅的新證〉，《秦漢魏晉南北朝史論考》，頁162。

「整齊之」是指特定的行政手段或法律規範，並不應簡單地視作法家式的經濟管控，否則，就會將「善者因之」誤解為與法治是互相排斥，不可相容。

　　根據史實，文景二帝也有奉行「利導之」的經濟政策，而文帝二年推行的「賣粟入爵」政策，即屬一例。當時，政府面對邊境的威脅，財政負擔沉重，為了增加收入，而容許富人以捐送糧食予國家來換取爵位，是謂「入粟受爵」政策。根據宋敘五的研究，當時的富人大多都不是地主，而是從事商業活動的商賈。是時，富人通過爵位換取社會地位，或以此作除罪之用（即刑罰豁免權），故他們不得不直接向農民收購糧食，以向政府輸粟換爵。[37]

　　晁錯在著名的〈論貴粟疏〉中，有此建言：

> 方今之務，莫若使民務農而已矣。欲民務農，在於貴粟；貴粟之道，在於使民以粟為賞罰。今募天下入粟縣官，得以拜爵，得以除罪。如此，富人有爵，農民有錢，粟有所渫。……順於民心，所補者三：一曰主用足，二曰民賦少，三曰勸農功……爵者，上之所擅，出於口而亡窮；粟者，民之所種，生於地而不乏。[38]

據上文所述，「入粟受爵」制度之目的在於增加國家的財政收入，同時又可減輕向農民徵收田稅的壓力。更重要的是，通過行政手段，擴大市場對糧（粟）的需求量，間接活化農業，趨向市場化，此絕對符合司馬遷「利導之」的理論，利用政府手段促進社會經濟發展。然而，

---

37 宋敘五：〈漢文帝時期入粟受爵政策之探討〉，《新亞書院學術年刊》第12期（1970年9月），頁93-114。

38 《漢書》〈食貨志〉，頁1133-1134。

我們不能簡化地把文帝時歸納為只有「教誨之」或「利導之」的階段。

今檢《鹽鐵論》〈錯幣第四〉：「大夫曰：文帝之時，縱民得鑄錢、冶鐵、煮鹽。」[39]以及《鹽鐵論》〈非鞅第七〉：「文學曰：昔文帝之時，無鹽、鐵之利而民富。」[40]當時政府容許民間自由開發冶鐵、煮鹽等行業，民得鑄錢使貨幣數量增加，以致百業興旺，激活民間商業發展。由此可見，文帝時代政策的多元性，當時既奉行「教誨」、「利導」，亦有傾向較為放任「因之」的一面。

至於司馬遷心目中「善者因之」的最佳典範，又是否真正在信史上出現過？這在《史記》〈呂太后本紀〉可看出端倪：

> 太史公曰：孝惠皇帝、高后之時，黎民得離戰國之苦，君民俱欲休息乎無為。故惠帝垂拱，高后女主稱制，政不出房戶，天下晏然，刑罰罕用，罪人是希。民務稼穡，衣食滋殖。[41]

由此可見，司馬遷對於惠帝、呂后施政的評價極高，人民衣食豐足，犯罪率低，政府也無須用刑，堪稱是人間天堂，他更清楚地指出，其時國家奉行黃老學說「與民休息」的施政方針，順應社會的自由發展，國家機關不加大力干預，而他又具體說明了其實質作用。因此，我們可視之為司馬遷心目中「善者因之」的具體實踐。[42]

另外，太史公對惠帝、呂后時擔任相國的曹參予以極高的評價，此可見於《史記》〈曹相國世家〉的評語可了解得到，其謂：「太史公曰：……參為漢相國，清靜極言合道。然百姓離秦之酷後，參與休息

---

39 《鹽鐵論校注》，頁57。
40 《鹽鐵論校注》，頁93。
41 司馬遷：《史記》，頁412。
42 這與趙靖解釋「善者因之」時所引的「道之所符」和「自然之驗」是一致的。見《司馬遷思想研究》，頁261。

無為，故天下俱稱其美矣。」[43]我們可從「故天下俱稱其美矣」一句，得知太史公對曹氏給予全面的肯定，某程度上也反映了他對黃老學說的崇敬，故筆下都是溢美之言。

考察歷史，惠帝、呂后時代的某些經濟政策確實比秦代為之寬鬆且較合情理，與前代奉行法家嚴密管制相比，反映了漢初傾向無為而治，與民休息的一面。現以出土的張家山漢簡《二年律令》的〈田律〉為例：

> 田不可田者，毋行；當受田者欲受，許之。（239簡）[44]
> 田不可狠（墾）而欲歸，毋受償者，許之。（244簡）[45]

相比起秦代，秦政府往往不論土地是否適合耕種，一律授予人民，不問是非輕重，完全無視人民的實際需要。而漢初的田律則顯得較合情合理。今檢《睡虎地秦墓竹簡》〈秦律十八種〉〈田律〉云：

> 入頃芻稟，以其受田之數，無狠（墾）不狠（墾），頃入芻三石、稟二石。芻自黃稟及稟束以上皆受之。入芻稟，相輸度，可稟（也）。[46]

由此得知，漢初政府的統治手段，比起秦代純粹採用僵化制度的法律，顯得更合乎人性。

又據《二年律令》〈戶律〉簡文所載：

43　司馬遷：《史記》，頁2031。
44　朱紅林：《張家山漢簡二年律令集釋》，頁617。
45　朱紅林：《張家山漢簡二年律令集釋》，頁160。
46　朱紅林：《張家山漢簡二年律令集釋》，頁157。

（漢初）為吏及宦皇帝，得買賣舍室。（320簡）

我們可以得知當時的政府容許特權階級如低級吏員與宦官以個人身分買賣受田，而此法令的副作用是間接地刺激了民間的土地買賣，加速土地兼併（再加上大官如蕭何瘋狂兼併土地）[47]，這反映了當時開放式經濟政策的表現。[48]當然，但單看上述史料，都不足以具體地說明漢初統治與道家的黃老思想有任何的關係，借此解釋「善因論」的「道」之性質。

　　一直以來，我們對呂后時期的印象，幾乎完全是奉行無為而治，徹底傾向黃老思想，這是司馬遷塑造出來的歷史認識，此後成為了定論。大陸學者林劍鳴在《秦漢史》一書說：「從惠帝開始『黃老政治』成為統治階級有意識地自覺地推行的統治術，在此後的半個多世紀內，『黃老治術』成為一個時代精神，或作一個時代的趨勢。」[49]其根據主要是來自傳統史料，就包括了《史記》〈曹相國世家〉，其云：

孝惠帝元年，除諸侯相國法，更以參為齊丞相。……聞膠西有蓋公，善治黃老言，使人厚幣請之。既見蓋公，蓋公為言治道貴清靜而民自定，推此類具言之。參於是避正堂，舍蓋公焉。

---

47 《史記》〈蕭相國世家〉：「民所上書皆以與相國，曰：『君自謝民。』相國因為民請曰：『長安地狹，上林中多空地，棄，願令民得入田，毋收稿為禽獸食。』上大怒曰：『相國多受賈人財物，乃為請吾苑！』……高帝曰：『相國休矣！相國為民請苑，吾不許，我不過為桀紂主，而相國為賢相。吾故繫相國，欲令百姓聞吾過也。』」《索隱》謂：「相國取人田宅以為利，故云『乃利人』也。所以令相國自謝之。」（頁2018）

48 高敏：〈從《張家山漢簡二年律令》看西漢前期土地制度〉，《秦漢魏晉南北朝史論考》，頁134。

49 林劍鳴：《秦漢史》（上海市：上海人民出版社，2003年），頁267。

其治要用黃老術，故相齊九年，齊國安集，大稱賢相。[50]

開國功臣曹參相齊，又信奉黃老學說，實非偶然。早在戰國晚期，齊國的稷下已成為道家及諸子百家聚集的學術重鎮，黃老學說更在此地異軍突起，成為當世顯學，曹氏長居齊地，受到當地社會風氣感染，成為黃老學說的信徒，實在理所當然。今檢《史記》〈樂毅列傳〉載有蓋公的學術淵源，以及與齊國黃老學派有關的材料：

河上丈人教安期生，安期生教毛翕公，毛翕公教樂瑕公，樂瑕公教樂臣公，樂臣公教蓋公。蓋公教於齊高密、膠西，為曹相國師。[51]

上文是史家說明漢初奉行黃老統治時，常引用的史料，學者多從文中「言治道貴清靜而民自定」一句，從而推論他擔任相國時，全國各地也奉行黃老治術。[52]再加上曹參擔任丞相時，因循高祖所制，不修不改，即成語「蕭規曹循」的出處。[53]故此，在一般人的普遍印象中，漢初表面上完全奉行黃老學說的「無為而治」之治國方略。以漢武帝

---

50 司馬遷：《史記》，頁2029。

51 司馬遷：《史記》，頁2436。

52 司馬遷：《史記》，頁268。

53 《史記》〈曹丞相世家〉：「惠帝怪相國不治事，以為『豈少朕與』？乃謂窋曰：『若歸，試私從容問而父曰：「高帝新棄群臣，帝富於春秋，君為相，日飲，無所請事，何以憂天下乎？」然無言吾告若也。』窋既洗沐歸，窋侍，自從其所諫參。參怒，而笞窋二百，曰：『趣入侍，天下事非若所當言也。』至朝時，惠帝讓參曰：『與窋胡治乎？乃者我使諫君也。』參免冠謝曰：『陛下自察聖武孰與高帝？』上曰：『朕乃安敢望先帝乎！』曰：『陛下觀臣能孰與蕭何賢？』上曰：『君似不及也。』參曰：『陛下言之是也。且高帝與蕭何定天下，法令既明，今陛下垂拱，參等守職，遵而勿失，不亦可乎？』惠帝曰：『善。君休矣！』」（頁2030）

初年，竇太后本人也是黃老學說的信徒，故此時黃老之學仍是當世顯學，而政府也因此繼續奉行清靜無為。[54]

其實，傳統的成說甚為抽象，史料又單薄。可幸的是，近年的出土文獻中，有一長三十一釐米的《二年律令》[55]，使學者發現了漢初的法律文書中，有部分經濟法令極其嚴厲，實在不亞於秦代（當然，漢承秦法，更改不多），有的更甚之。學者曾加認為，當中的一些法律，處處表現「事統尚法」的傾向[56]，學者朱紅林也指出漢初政府對經濟活動諸多規範，尤其是對貨幣有嚴格的規範，一反我們對漢初無為放任的理解[57]，這些材料都與上引《史記》的記載大相逕庭，這到底是司馬遷為了表述他的思想，故意避而不談，加以隱瞞，還是別有內情呢？雖然未有足夠的史料足以下最終的判斷，但值得我們進一步深究。

另外，據《二年律令》所見，漢初之時（很可能是呂后時期）曾

---

54 《史記》〈孝武本紀〉：「元年，漢興已六十餘歲矣，天下乂安，薦紳之屬皆望天子封禪改正度也。而上鄉儒術，招賢良，趙綰、王臧等以文學為公卿，欲議古立明堂城南，以朝諸侯。草巡狩封禪改曆服色事未就。會竇太后治黃老言，不好儒術，使人微得趙綰等姦利事，召案綰、臧，綰、臧自殺，諸所興為者皆廢。」（頁452）《史記》〈魏其武安侯列傳〉：「時諸外家為列侯，列侯多尚公主，皆不欲就國，以故毀日至竇太后。太后好黃老之言，而魏其、武安、趙綰、王臧等務隆推儒術，貶道家言，是以竇太后滋不說魏其等。」（頁2843）《漢書》〈禮樂志〉：「至武帝即位，進用英雋，議立明堂，制禮服，以興太平。會竇太后好黃老言，不說儒術，其事又廢。」（頁1031）《漢書》〈武帝紀〉：「二年冬十月，御史大夫趙綰坐請毋奏事太皇太后，及郎中令王臧皆下獄，自殺。」顏師古引應劭曰：「禮，婦人不豫政事，時帝已自躬省萬機。王臧儒者，欲立明堂辟雍。太后素好黃老術，非薄五經。因欲絕奏事太后，太后怒，故殺之。」（頁157）
55 李零：《簡帛古書與學術源流》（北京市：三聯書店，2008年），頁99、117。
56 曾加：《張家山漢簡法律思想研究》（北京市：商務印書館，2008年），頁14。
57 朱紅林：《張家山漢簡《二年律令》研究》（哈爾濱市：黑龍江人民出版社，2008年），頁200-201。

實行〈均輸律〉，雖然與武帝時的均輸制度不盡相同，但亦極具參考價值：

> 車有輸、傳送出津關、而有傳嗇夫・吏、嗇夫・吏與敦長・方長各□□而□□□□發□出□置皆如關□。（225簡）
> 諸（？）行（？）津關門（？）東（？）□□（226簡）
> 均輸律（227簡）

有關武帝時「均輸」的具體情形，司馬遷說：

> （元鼎二年，即西元前115年）而孔僅之使天下鑄作器，三年中拜為大農，列於九卿。而桑弘羊為大農丞，筦諸會計事，稍稍置均輸以通貨物矣。[58]

上引書載《史記集解》孟康曰：

> 謂諸當所輸於官者，皆令輸其土地所饒，平其所在時價，官更於他處賣之。輸者既便而官有利。漢書百官表大司農屬官有均輸令。

同書同頁日本學者瀧川資言考證說：

> 《鹽鐵論》〈本議篇〉，大夫曰：往者郡國諸侯，各以其物貢輸，往來煩雜，物多苦惡，或不償其費，故郡置輸官以相給

58　司馬遷：〈平準書〉，見《史記會注考證》（新校本），頁531。

運，而便遠方之貢，故曰均輸，均輸則民離勞逸。九章術，以
御遠近勞費。[59]

若單從《史記》〈平準書〉的記述去看，讀者可能誤會均輸似乎是漢
武帝時代的新事物，是新經濟政策的創舉，但原來早在呂后時代，已
有〈均輸律〉的出現。其真偽備受爭議的今本《尹文子》也有平準法
的記載。[60]《鹽鐵論》〈本議第一〉的民間學者也曾提及：「蓋古之均
輸，所以齊勞逸而便貢輸，非以為利而賈萬物也。」[61]從「蓋古」二
字可見均輸非始於武帝，至於最早在何時出現，目前尚難得出結論。
或可這樣理解，漢初（甚至是先秦）已有關均輸的律法，到了武帝時
代始有制度化與規範化。但問題又出現了，就是何以太史公對漢武帝
以前的均輸制度隻字不提呢？據何炳棣研究，《史記》的作者之一，
司馬遷之父司馬談本人生於漢文帝登位前一年[62]，其見證了漢初文景
之世，其本人又是當時的史官太史令（因司馬遷仰慕楚文化，而隨楚
制稱太史公）[63]，而史遷更掌握大量中央的檔案圖書，不可能對《二
年律令》及相關的律法一無所知，筆者認為若以均輸的性質而言，大
抵含有他的理論中的「其次整齊之」的成分。故此，他極有可能是在
選材、撰寫時故意避重就輕，或是因為有關史實與他心目中的漢初自
由化經濟的理想有所不同，反映他撰寫《史記》時有可能並非完全依

59 司馬遷：〈平準書〉，見《史記會注考證》（新校本），頁531。

60 《尹文子》〈大道上〉：「名有三科，法有四呈。一曰命物之名，方圓白黑是也；二
   曰毀譽之名，善惡貴賤是也；三曰況謂之名，賢愚愛憎是也。一曰不變之法，君臣
   上下是也；二曰齊俗之法，能鄙同異是也；三曰治眾之法，慶賞刑罰是也；四曰平
   準之法，律度權量是也。」（頁6）

61 《鹽鐵論校注》，頁5。

62 何炳棣：〈司馬談、遷與老子年代〉，《有關《孫子》《老子》的三篇考證》（臺北
   市：中央研究院近代史研究所，2002年），頁73。

63 李長之：《司馬遷之人格與風格》（北京市：三聯書店，1984年），頁30。

史直說，而更大程度是反映作者的主觀意志。然而，在目前的史料下，難以對此下有力的定論。

就歷史事實而言，漢初根本未曾有完全「無為而治」、政府放手不管的無政府狀態，而是「因之、利導、教誨、整齊」多元並存的格局，這是歷史事實。本文一再指出，漢初的「無為而治」，不過是司馬遷的歷史認識，他是為了闡釋「善因論」，而建構出來的歷史與文學敘述而已。

對於漢初採取較自由化的治國方針，司馬遷有以下的評價：[64]

> 漢興，海內為一、開關梁，弛山澤之禁。是以富商大賈，周遊天下，交易之物莫不通得其所欲。[65]

另一條重要史料說：

> 至今上即位數歲，漢興七十餘年之間，國家無事，非遇水旱之災，民則人給家足，都鄙廩庾皆滿，而府庫餘貨財。京師之錢累巨萬，貫朽而不可校。太倉之粟陳陳相因，充溢露積於外，至腐敗不可食。……故人人自愛而重犯法，先行義而後絀恥辱焉。[66]

哲學取向傾向於道家黃老之學的太史公，並未因為主張「善者因

---

64 《漢書》〈食貨志〉：「文帝即位，躬修節儉，思安百姓。時，民近戰國，皆背本而趨末。」（頁1127）對於同一問題，班固卻有不同的評價，他把焦點落在「背本趨末」，而司馬遷卻在社會的正面發展上，可見二人之經濟思想大相逕庭。綜觀《史記》一書，司馬遷從未直接使用背本一詞來批評漢興以來的社會經濟發展。

65 司馬遷：〈貨殖列傳〉，《史記》，頁3261。

66 司馬遷：〈平準書〉，《史記》，頁1420。

之」，而排斥其他經濟手段，只是將其他手法視之為中下策而已，大
陸學者汪錫鵬認為，司馬遷一方面主張善者因之，另一方面又讚揚
「平黍齊身」政策，故斥其為自相矛盾的表現[67]，筆者卻認為這些論
述，是陷於簡單二元對立的思考謬誤中，以為世事非白而黑，司馬遷
卻認為最理想是模式「因之」，但不代表其他是不可接受，而只不過
沒有前者高明而已，可見司馬遷思想的多元性，也只因他深明老子
「盛極必衰，身極必反」的哲學法則，故他又說：

> 當此之時，網疏而民富，役財驕溢，或至兼併豪黨之徒，以武
> 斷於鄉曲。宗室有土公卿大夫以下，爭於奢侈，室廬輿服僭於
> 上，無限度。物盛而衰，固其變也。[68]

對於國家在經濟上的調控與監管，司馬遷不全面否定，此反映在書中
的另一章，他強調因事制宜的道家哲學，故謂：「是以物盛則衰，時
極而轉，一質一文，終始之變也。」[69]由此觀之，上引〈平準書〉的
贊語，他力批秦政府過猶不及，肆意開疆拓土，窮民自肥，雖然司馬
遷不反對有限制性地管制經濟活動，但對於太過粗暴干預者，仍不留
情面地口誅筆伐，大有借古諷今之勢，其云：

---

67 汪錫鵬認為：「司馬遷『善者因之』的思想是對工商業不加限制、聽其自然發展的
　　一種政策措施」，「文景時期，封建統治者對工商業實行的也不是什麼『因之』政
　　策」，「司馬遷對於工商業的態度前後相互矛盾。」也就是說，司馬遷的「善者因
　　之」思想只是一種理想境界。見王明信、俞樟華：《司馬遷思想研究》（北京市：華
　　文出版社，2005年），頁259。嚴清華、何芳也認為：「善者因之只是一種理想的政
　　策選擇。」見氏著：〈斯密的「兩個人」假設與司馬遷的「兩者」描述〉，「中國經
　　濟思想史學會第十二屆年會」論文（貴陽市：中國經濟思想史學會主辦，2006年9
　　月28-30日），頁7。
68 司馬遷：〈平準書〉，《史記》，頁1420。
69 司馬遷：〈平準書〉，《史記》，頁1442。

> 太史公曰：……及至秦，中一國之幣為等，……於是外攘夷
> 狄，內興功業，海內之士力耕不足糧饟，女子紡績不足衣服。
> 古者嘗竭天下之資財以奉其上，猶自以為不足也。無異故云，
> 事勢之流，相激使然，曷足怪焉。[70]

從上文可見，司馬遷雖然視「善者因之」為最上佳的治國手段，但他
不排斥同時運用其他層次的措施，唯獨是「最下爭之」，則萬不可接
受，尤其是令國富民貧的做法，對此更嚴詞斥責，甚至對經濟改革的
桑弘羊施以春秋筆法斥之[71]，太史公又故意不為有舉足輕重地位的桑
弘羊等當朝經濟重臣立傳，而司馬遷又引用關內侯卜式之言（而非借
卜式之口），謂：「縣官當食租衣稅而已，今弘羊令吏坐市列肆，販物
求利。亨（烹）弘羊，天乃雨。」[72]並以此語為全書作結，此足見司
馬遷的著作充滿諷刺文學的特色。

卜式與太史公似乎均認同類近現代經濟學中「小政府，大市場」
的原則，卜氏認為官府理應處理民生、稅收等工作，而不應經營商業
活動，卜式更欲把桑弘羊殺之而後快，可見新經濟政策引起某些時人
的極度不滿，故對主事者深惡痛絕。然而，若簡單地認為司馬遷是借
卜式之口來批評桑弘羊，未免過分武斷，如此，則書中每句也可能是
司馬遷借別人之口來表達自己的見解，此說實在過分牽強。

從《史記》〈平準書〉的內容來看，漢初自由化政策導致了貨幣
政策混亂等弊端，在自由經濟下，土地兼併、貧富懸殊亦勢必出現，
今檢一九七三年出土的《鳳凰山漢簡》，發現該簡記載了文帝晚期至
景帝時期貧民戶口的情況，當中比較重要的是十號墓的漢景帝二年

---

70 司馬遷：〈平準書〉，《史記》，頁1442-1443。
71 胡寄窗：《中國經濟思想史》，中冊，頁54。
72 司馬遷：〈平準書〉，《史記》，頁1442。

（西元前155）〈南郡江陵縣鄭里廩簿〉，該簡文說明了當時社會裡低下階層生活的苦況[73]。其實，在任何時代，只容許市場經濟活動，就必定會產生相對貧窮問題，而當時的自由開放的經濟政策，也促使了新興商人階段以及地主階級的擴大化。故此，適當的經濟調控，甚至是財富二次分配，是有其必要的，而司馬遷並沒有完全否定當代的針對性政策，也未見其完全否定經濟改革的必要性，而只見他對好大喜功而竭澤而漁以自肥的做法，痛加批判，尤其是上引「（秦）於是外攘夷狄，內興功業」[74]一語，及後漢武新政，追逐匈奴、南征北伐、迷信神仙諸事，觸發嚴重的財政危機，迫使政府要加緊鹽、鐵、酒的官營化，擴大收入來源[75]，中國自此走入干預主義的路徑之中。既明瞭上面的引言大有借古諷今的意，可見他的經濟思想，是具有相當的現實意義，且甚富彈性。

第三節　「善者因之」與「黃老學說」

十八世紀的英國，亞當斯密（Adam Smith, 1723-1790）提出了「無形之手」（又譯「看不見的手」）（Invisible Hand），他大力主張應

---

73 據寧可的分析：「鄭裡廩簿是政府貸種食的登記本。貸種食的當時多屬貧民。這25戶當為貧民，其中僅二人為二十等爵中最低的『公士』，其他人未注，多半是無爵級，這也說明了他們社會地位的低下。則他們佔有土地比一般農戶要少，是很自然的。」見氏著：〈有關漢代農業生產的幾個數字〉，《北京師範學院學報》1980年第3期，後收於《寧可史學論集》（北京市：中國社會科學出版社，1999年）。

74 《史記》〈平準書〉：「然各隨時而輕重無常。於是外攘夷狄，內興功業，海內之士力耕不足糧饟，女子紡績不足衣服。古者嘗竭天下之資財以奉其上，猶自以為不足也。無異故云，事勢之流，相激使然，曷足怪焉。」（頁1442-1443）

75 許倬雲：《漢代農業》（桂林市：廣西師範大學出版社，2005年），頁37。《鹽鐵論校注》〈非鞅第七〉：文學曰：「昔文帝之時，無鹽、鐵之利而民富，今有之而百姓困乏，未見利之所利也，而見其害也。且利不從天來，不從地出，一取之民間，謂之百倍，此計之失者也。」（頁93）

當按照市場的規律發展，而後人據此發展出市場自我調節理論，而其代表作《國富論》奉為經濟學開山之作。西方經濟學大放異彩，古代中國亦不讓其專美，中國自由經濟思想的佼佼者，當數司馬遷。當然，「善者因之」與「無形之手」的意義不盡相同，但他們皆看到市場自由的重要性，前者雖然不反對干預市場，但認為過分的干預是下策，上策是充分反映了道家的「無為，而無不為」哲學。

清代維新領袖梁啟超向來對西方學問推崇備至，古典經濟學派便是其中之一[76]，他在一八九七年就已經以亞當斯密（Adam Smith, 1723-1790）的理論重新解釋《史記》〈貨殖列傳〉，並為「善者因之」賦予新義。[77]胡適在一九三〇年代就曾指出「善者因之」是屬於是資本主義初發達時代的政治哲學，並認為十八世紀的歐洲也有此傾向。[78]新古典經濟學者相信「無形之手」是指一切市場活動都有其規律，故亞當斯密反對干預市場的行為。儘管不一定是亞當斯密的原意，惟後世學人都把他的主張稱作「自由放任」的經濟政策，開啟了古典到現代經濟學思潮，而「干預萬惡」成了近代經濟學者的金科玉

---

76 周美雅：《梁啟超經濟思想之研究》（高雄市：國立中山大學中山學術研究所碩士論文，2005年），頁67。

77 黃春興說：「早在一八九七年寫〈史記貨殖列傳今義〉時，梁啟超便特別注意西方國家富民強國的手段。當他論及西方正蓬勃發展的生計學（經濟學）時，曾感慨『彼族之富強，洵有由哉！』在他看來，一隊隊的西方商人來到中國開拓市場，雖然仰仗帝國的軍力，但真正的武器則是其強大的商品生產能力。要對抗西方的民族帝國主義，中國必須提升商品的生產能力，並培養出一隊隊的精練商人。他接受亞當斯密的主張，認為『經濟自由』是提升生產能力的最佳策略。著眼於此，梁啟超將司馬遷的『善者因之』解釋成經濟自由下的分工利益。」見氏著：〈梁啟超對抗帝國主義策略的轉變〉（新竹市：國立清華大學經濟系 working paper，1997年），頁10。梁啟超說：「如有數事於此，以一人分數日任之，則成就必鈍而竄；以數人分一日任之，則成就必速而良，此亦貴能因也。」（〈史記貨殖列傳今義〉，收於《飲冰室合集》〔北京市：中華書局，1989年〕，第1冊）

78 王明信、俞樟華：《司馬遷思想研究》，頁257。

律（尤其是奧地利學派）。馬克思（Karl Marx, 1818-1883）則另闢蹊徑，從「無形之手」看到市場的弊病，會引起經濟周期波動，故提出了計畫經濟去補足其缺陷。姑且無論如何，「無形之手」確實左右了十八世紀至今歷史的發展。

司馬遷自由經濟學說的遭遇卻沒那麼幸運，其不但沒有受到應有的重視，更遭受到士人賢良強烈的批評。今引班固（32-92）的《漢書》〈司馬遷傳〉，作出對他的批評為：「又其是非頗繆於聖人，論大道則先黃老而後六經，序遊俠則退處士而進姦雄，述貨殖則崇勢利而羞賤貧，是其所蔽也。」[79]班固從主流的意識形態出發，徹底否定了司馬遷的自由經濟思想。[80]上述的評價，在《四庫全書》內，就輕易找到數十條目，廣為後世學者所引用，這說明了長久以來，自由經濟思想在中國並不為人所接納。[81]

一派之學說是否流行，當有其客觀的因素，非某一統治者可完全抑制。中國經濟思想傾向內向保守，而抑貶自由開放，其故安在？一般人都認為是基於漢武帝獨尊儒術[82]，我不排除此點，但認為與中國

---

79 班固：《漢書》，頁2737-2738。

80 《漢書》〈敘傳下〉：「四民食力，罔有兼業。大不淫侈，細不匱乏。蓋均無貧，遵王之法。靡法靡度，民肆其詐。偪上并下，荒殖其貨。候服玉食，敗俗傷化。述貨殖傳第六十一。」（頁4266）班固說明了自己撰寫〈貨殖傳〉的動機，顯然不是以經濟原則為標準，而是以道德標準，故對富人多加以批評，與太史公截然不同。

81 其中較有代表性的史評是唐代劉知幾，其於《史通》評說：「又傅玄之貶班固也，『論國體則飾主闕而折忠臣，敘世教則貴取容而賤直節，述時務則謹辭章而略事實。此其所失也。』譏馬貶班，引用成語，以見作史最易招駁。班固之司也，『大道先、老而後《六》，序退士而奸雄，述殖崇利而羞。此其所蔽也。』又傅玄之班固也，『主而折忠臣，世教取容而直，述章而略事。此其所失也。』」……劉氏雖然對史班兩者皆有批評，但似乎也同意「述殖崇利而羞」一說。

82 漢武帝時，用董仲舒集團之議，罷黜百家，獨尊儒術，創制一套粹合先秦以來儒、名、法、農、雜、縱橫等各家思想中有利君主統治的新統治思想，以替代漢初以黃老思想的立國原則。同時，立五經博士及設博士弟子員，及令郡國立學校，又大舉

其處於大一統的狀態的關係更大。相反，自十八世紀以來，歐洲群雄並立，各國對不同的思想學說需求殷切，百家爭鳴，偉大的思想應運而生，不但是經濟學、哲學、政治學、社會學、自然科學等學問也如是，情況一如春秋戰國時代一般。司馬遷距戰國時代不遠，其所學所識多受先秦諸子影響，他既自認是繼承周公、孔子，一方面又在書中大力推崇黃老學說，在引用父親司馬談的〈論六家要指〉時[83]，前五家都有一些批評，惟獨道家一派沒有作出任何負面評價。

對於諸子百家，他主張既批評，又肯定的做法。惟獨是黃老之學，大抵是全盤接受。[84]〈太史公自序〉是司馬遷用作介紹他撰述《史記》之動機要旨，可反映其指導思想，偏向「黃老」清靜無為的取向，此可解釋「善者因之」與「道」的追求之關係。「黃老」一詞，目前所見最早是出自《史記》一書[85]，書中以「黃老」並稱不下十餘次，此實有別於先秦道家，這從一九七三年出土的馬王堆三號墓的《黃老帛書》中，可窺知一二。黃老學說是以老子為基礎，託黃帝之言，再混合各派學說。臺灣學人楊芳華清楚點出：它既不完全屬於黃學，又不完全屬於老學，而是自成一派的學說。[86]黃老之學吸收各家各派的精要，而在戰國顯赫一時的法家，其影響是重中之重，故有言黃老是「溫和的法家」，更有人直接稱呼為「道法家」。[87]此可見於

興辦郡國立學校，及廣行察舉制度，大量吸收地方菁英進入官僚制度，此後入仕者皆以儒學為標準，即建立了所謂「士人政治」。

83 見〈太史公自序〉，《史記》，頁3288-3292。

84 司馬遷：《史記》，頁3289-3292。他在〈貨殖列傳〉的開首就反駁老子，可見他是傾向「黃老」多於先秦的老子學說。

85 陳佩君：《先秦道家的心術與主術——以《老子》、《莊子》、《管子》四篇為核心》，頁3。

86 楊芳華：《漢初黃老學說的經世觀及其實踐》，頁9。

87 楊芳華：《漢初黃老學說的經世觀及其實踐》，頁12-13。

《史記》指出奉行黃老之術的文帝性格「本好刑名之言」[88]一語，就可見一斑，亦足可引證「道法家」之說絕非無中生有。當然，此說並不夠全面，因為新出土黃老學派的《文子》簡文中，表現其具有濃厚的儒家特色，反不見法家的影響滲透其中，足可反映黃老之學的包容性與多元化。[89]黃老之學與先秦道家的分別，是在於後者傾向現實應用，比之《老子》更為理性。[90]其實，這與齊國稷下道家的源流一脈相承，而司馬遷將之運用經濟思想之中，層次更高更深，可真學究天人，自成一家。

長久以來，學者都在爭論太史公的思想到底屬於道家抑或法家多一些。其實，這些爭議實大可不必，因司馬遷與前人最大的分別，就是不拘一格，不究門戶，討論歷史或闡述其理論時，非純粹出於道德判斷或意識形態之爭，而更注重學術討論，此與班固事事講「政治正確」，為求迎合統治者，力主重農抑商，鼓吹大力干預市場，是截然不同的。

司馬遷的「善者因之」帶有濃厚的道家哲學味道。然而，他又多引用被歸類為法家人物的言論，以印證他的經濟學說，反映他確實能夠採集百家之言的寫作風格，例如：

> 故太公望封于營邱，地潟鹵，人民寡；於是太公勸其女功，極技巧，通魚鹽，則人物歸之，繦至而輻湊。故齊冠帶衣履天下，海岱之間，斂袂而往朝焉。其後齊中衰，管子修之，設輕重九府，則桓公以霸，九合諸侯，一匡天下；而管氏亦有三歸，位在陪臣，富於列國之君。是以齊富彊至于威、宣也。故

---

88 司馬遷：〈儒林列傳〉，《史記》，頁3117。
89 楊芳華：《漢初黃老學說的經世觀及其實踐》，頁14。
90 劉笑敢：《老子古今》（北京市：中國社會科學出版社，2006年），頁370。

曰：「倉廩實而知禮節，衣食足而知榮辱。」⁹¹

同書〈管晏列傳〉亦有相類的記述：

> 管仲既任政相齊，以區區之齊，在海濱，通貨積財，富國彊
> 兵，與俗同好惡，故其稱曰：倉廩實而知禮節，衣食足而知榮
> 辱。上服度，則六親固。四維不張，國乃滅亡。下令如流水之
> 原，令順民心。⁹²

引文其實是來自《管子》〈牧民〉，原文是：

> 倉廩實則知禮節，衣食足則知榮辱。

一直以來，管仲都被視為法家的代表人物，但據臺灣學者陳鼓應的研
究，《管子》一書的部分篇章，是戰國晚期齊國稷下學者的作品，與
管仲其人的思想並非完全一致，書中內容很大程度上是屬於道家取
向，並且主張道法結合，由老莊的理想主義走入現實社會，對後來的
黃老思想有深遠影響。⁹³故司馬遷大量引用《管子》一書，是符合他
撰作《史記》的指導思想。順帶一提，西方著名的哲學家孟德斯鳩
（Charles Montesquieu, 1698-1755）也提出相類的說法，世稱「孟德
斯鳩命題」，孟氏認為當經濟發展起來，擺脫野蠻階段，人們才有能

---

91 司馬遷：〈貨殖列傳〉，《史記》，頁3255。

92 司馬遷：《史記》，頁2132。

93 陳鼓應：《管子四篇詮釋：稷下道家代表作解析》（北京市：商務印書館，2006
　年），頁3-27。參見陳佩君：《先秦道家的心術與主術──以《老子》、《莊子》、《管
　子》四篇為核心》，頁245。

力追求精神上的滿足[94]。司馬遷引用《管子》一說並加以發揮，是對人性體察極深的洞見。

如上所述，司馬遷對管子其人雖有非議之處，但整體的評價絕不差，甚至有不少溢美之詞，可見他雖力主「善者因之」，但也並不完全排斥「整齊教誨」（有限度的監管及引導）的另一例證，其說：

> 吾讀管氏牧民、山高、乘馬、輕重、九府，及晏子春秋，詳哉其言之也。既見其著書，欲觀其行事，故次其傳。至其書，世多有之，是以不論，論其軼事。管仲世所謂賢臣，然孔子小之。豈以為周道衰微，桓公既賢，而不勉之至王，乃稱霸哉？語曰：「將順其美，匡救其惡，故上下能相親也。」豈管仲之謂乎？[95]

司馬遷承認管仲「世所謂賢臣」這一點，是對他的功業作出肯定，尤其是管仲對齊國經濟發展推動所作的貢獻。對於與管仲齊名的法家人物晏子，司馬遷同樣予以極高的評價。《史記索隱》的作者司馬貞更直接地說：「太史公之羨慕仰企平仲之行，假令晏生在世，己雖與之為僕隸，為之執鞭，亦所忻慕。其好賢樂善如此。賢哉良史，可以示人臣之炯戒也。」[96]司馬貞之言或許說過了頭，但太史公對管子、晏子（也包括李克）這一類法家改革者的評價極高，從《史記》一書看來，此結論理應當成立，亦充分反映他思想中開明與包容的一面。

此外，在《史記》的另一章，太史公又說：

---

94 白鷺：《貨殖列傳經濟學》（臺北市：海鴿文化出版圖書公司，2009年），頁30-31。

95 司馬遷：〈管晏列傳〉，《史記》，頁2136。

96 見《史記》，頁2137。

齊桓公用管仲之謀，通輕重之權，徼山海之業，以朝諸侯，用區區之齊顯成霸名。魏用李克，盡地力，為彊君。[97]

學者趙靖指出「善者因之」與《管子》〈輕重篇〉[98]也有相反的關係，《管子》主張國家對經濟行為進行干涉，而太史公就恰恰相反，「因之」就有孔子所說的「因民之所利而利之」（語出《論語》〈堯曰〉）的意味，即是按人民的需求來決定經濟行為，無需國家干涉。[99]一如司馬談所言：「道家（主要指漢初的黃老學說）無為，又曰無不為……其術以虛無為本，以因循為用。無成執，無常形，故能究萬物之情。不為物先，不為物後，故能為萬物主。有法無法，因時為業；有度無度，因物與合。」[100]虛無與因循，代表因時而變化，善於採用各家之要，面對不同社會問題，則以不同的對策處理，沒有固定的常態。由此可見，司馬遷身為黃老學說的追隨者，集合百家之大成，不盲目某一派學說，可真是成一家之言。《史記》中有關經濟思想的文字，也不是他首倡的，而是充分地結合了先秦百家、漢代諸賢的智慧。

第四節　總結：從「大歷史觀」看「善因論」

根據上文分析「善者因之」一句的要旨，得出以下結論：
一、司馬遷不反對監管

---

97 司馬遷：〈平準書〉，《史記》，頁1442。

98 《管子》〈輕重篇〉：「昔萊人善染練，茈之於萊純錙也，緺綬之於萊亦純錙也，其周中十金。萊人知之，聞纂茈空，周且斂馬，作見於萊人操之，萊有推馬，是自萊失纂茈而反準於馬也。故可因者因之，可乘者乘之。此因天下以制天下，此之謂國準。」

99 趙靖主編：《中國經濟思想通史》，修訂本（北京市：北京大學出版社，2002年），第1冊，頁605-608。

100 見司馬遷：〈太史公自序〉，《史記》，頁3292。

二、順應然自是最好的方法

三、疏導經濟、利誘市場發展亦為良方

四、必要時可用教誨，鼓勵經濟發展

五、當市場失控時，可進行整頓經濟（輕微的干預）

六、不接受粗暴干預市場、與民爭利

　　然而，有一些問題尚待進一步解決，司馬遷的「善者因之」理論，是針對當代的政治環境而作出的評論，而「與民爭之」是否只是針對武帝而來的改革所作的回應，是否一如克羅齊（Benedetto Croce, 1866-1952）所說「一切歷史都是當代史」？還是一套具有完整性的理論體系？置於不同時代，又是否可以通用呢？筆者認為全部皆不盡然，司馬遷在〈貨殖列傳〉中只以數十字道出有關理論，似非該篇的重點，而他又沒有進一步論證，在其他紀傳中並不見直接回應該理論，可見並未形成完整的理論體系。

　　但是，從其紀傳之間接流露了他對黃老思想、休養生息的嚮往，以及對好大喜功、與民爭利的不屑。故此，似又不止於只衝著武帝而下此筆，故謂無從判斷。但可以肯定，「善因論」是從先秦至漢代的歷史發展而歸納出來的思想結晶，尤其是漢興七十年來的社會經濟發展，所以我們必須對當時的歷史發展，特別要結合出土材料，作較全面的理解與評價。

　　總言之，他的經濟思想產生的條件與後世迥然不同。在大一統的國度，追求穩定的增長而不是持續的發展，國家力量抬頭壓倒了民間、知識分子的力量，政府的有效管治重於市場發展、人民的利益，「自由放任」等學說就不受到應有的重視了。政府大力干預學術下，思想發展的空間愈走入封閉，學者只能在了無生氣的環境下成長。如果我們認同黃仁宇「大歷史觀」（Marco-history）中的「歷史上長期

合理性（long-term rationality of history）」理論[101]，那麼司馬遷以後，中國不再出現他那般開放、高明的歷史學家、經濟學家也是應當有其合理性，此亦非單以漢武帝獨尊儒術或新經濟政策所能解釋。

筆者認為，其合理性在於大統一的農業國家，培育的國民性格，也與農民講究穩定性等因素有莫大關係。古代中國，開放的商業流通，只會嚴重破壞高度依靠密集勞動力的小農經濟，而小農的精耕細作，也只能靠家庭倫理以維繫勞動力，商業發達使人都受利益所吸引而「背本趨末」[102]，吸引家庭成員外出謀生，導致小農經濟崩解，大大不利社會穩定，故從漢武帝以來，國家力量有效地抑制商業發展，大大打擊商人的收入，山林國有化，導致通貨收縮，嚴重妨礙貨幣經濟發展。事實上，專賣制度非始於漢代，《管子》一書已記有專賣之事，而《史記》亦載秦代有負責專賣之官職，但最遲到了漢文帝之時，政府一直容許民間賣買[103]，而漢武帝於元狩五年（西元前118），效法秦代法家式之經濟制度，恢復專賣，此後長時間為歷代政府所用，遂成為中國歷史的一大傳統，歷代大統一政權大多實行重農抑商政策，北宋時，更把專賣制度擴大至茶葉等奢侈品，與民爭利，不利於市場的健康成長，正是司馬遷所說的「最下爭之」。

歐洲自十八世紀以降，隨著傳統建制屢受衝擊，舊有的等級社會日漸被取代，財富替代了身分階級、血緣、職業，成了社會地位最重要的指標，由於各國的經濟崛起，導致了資源爭奪，帝國主義、殖民

---

101 參見黃仁宇：《資本主義與廿一世紀》（臺北市：聯經出版事業公司，1991年）、《中國大歷史》（臺北市：聯經出版事業公司，1993年）、《大歷史不會萎縮》（臺北市：聯經出版事業公司，2004年）等著作。

102 《漢書》〈食貨志〉：「文帝即位，躬修儉節，思安百姓。時民近戰國，皆背本趨末⋯⋯」（頁1127）

103 錢穆：《秦漢史》（北京市：三聯書店，2004年），頁167。

主義肆虐，於是歐洲版圖變得四分五裂。[104]在群雄並起的時代，戰事不斷，亞當斯密就目睹了國內多次的叛亂、英法戰爭、北美殖民地獨立運動。是時，各國對學術的需求急遽興起，各家學說應運而生，諸如重農學派（Physiocracy）、重商主義（Mercantilism）、自由主義（Liberalism）、馬克思主義（Marxism）才得到充足的養分，茁壯成長。此與司馬遷所接觸的先秦諸子的背景頗為相近。如此，才能夠產生「採百家學說，成一家之言」，成就偉大學說的必要條件。

第五節　餘論：司馬遷與亞當斯密

　　走筆至此，讀者不難發現司馬遷的「善因論」只是他洋洋數十萬中的片言隻語，我們幾經辛苦才以史料將其重構，故此勉強把它視為一套完整經濟學說，甚至與現代經濟學說媲美，是極不恰當。

　　或許，有人會從「善因論」的現實可行性去挑剔司馬遷的思想不周全，或從國家干預的正確性去批判他的「政治不正確」，事實上，這是毫無意義。因為這完全超出了以史論史的原則，我們要明白司馬遷是一位歷史學家、思想家、文學家，儘管他的著作旁及經濟學、文學、地理學，同斯密一樣，但他本來就不是專業的理論家，不以預測未來為寫作目的，而他的「善因論」與其他歷史哲學，都是以總結史事為依據。更重要的是，「善因論」是在司馬遷的文學敘述下，試圖建構的理想治國的模式，用意是與漢武帝有為的經濟政策作對比，以諷刺政府為最終之目的。

　　許多不熟識經濟史的現代學人都誤以為斯密是「無形之手」的始創人，但其實不然，「無形之手」在十七世紀是流行用語，莎士比亞

（William Shakespeare, 1564-1616）也使用在劇作之中，亞當斯密的同時代的學者羅林（Charles Rollin, 1661-1744）用過來比喻軍事活動，就連伏爾泰（Voltaire, 1694-1778）也用過。[105]所以，香港經濟學家 Young 提出斯密可能是因他到法國訪問期間，間接或直接受法國漢學的影響，從那裡接觸到中國道家思想，啟發其經濟思路，創制出「無形之手」[106]，這顯然是無中生有，此說受到香港另一經濟學者趙耀華等人的強烈批判，他認為只可以說亞當斯密與司馬遷是英雄所見略同而已。[107]其實，司馬遷與亞當斯密一樣，他們的思想不可能是靠一己之才學而來，而是得益於前人學者豐碩的成果及自由開放的社會氣氛而來，漢武帝以後，如海耶克批評干預主義會產生獨裁政權，中國長期處於學術封閉的環境，學者就難以生出偉大的社會思想了。

　　事實上，亞當斯密不過是在討論經濟問題時稍稍提及，在他的傳世作品中，「無形之手」只出現過三次，一次是在他的「青春作品」用以討論天文學，此詞彙既為流行用語，不過為斯密借用比喻自然環境變化，故後人嘗試從神學角度解釋「無形之手」，實在多此一舉。另外一次是在他的名著《道德情操論》中，隱喻了中古時期經濟活動的平均化結果。最後一次是在不朽之作《國富論》中討論當代英國商人在國內與國外貿易時的比喻。[108]第三次「無形之手」都是不經意地出現，而後人嘗試以此解釋亞當斯密的其他章節，甚至由此詮釋出完

105　〔英〕加文・肯尼迪著，蘇軍譯：《亞當・斯密》（北京市：華夏出版社，2009年），頁243-244。

106　Leslie Young, "The TAO of Markets: SIMA QIAN and the Invisible Hand," *Pacific Economic Review* 1.2 (1996): 137-145.

107　Y. Stephen Chiu & Ryh-Song Yeh, "Adam Smith versus Sima Qian: Comment on the Tao of markets," *Pacific Economic Review* 4.1 (1999): 79-84.

108　蔡博文：《解構一隻看不見的手話語：對經濟學方法論的反思》（高雄市：國立中山大學中山學術研究所博士論文，2005年），頁17-20。

整的經濟理論，也未必反映了他的原意。事實上，在斯密的經典裡，「無形之手」根本不是一套理論，而是一個隱喻，只是後世學者穿鑿附會，以為他早已有一套完整的理論，甚至已察覺到市場的均衡價格規律，而此規律最能為社會帶來利益。[109] 後來，新古典經濟學派把它無限擴大為無處不在的「無形之手」，借此建構出自由經濟理論，使一般人誤以為其「理論」的超越性。儘管亞當斯密強烈反對重商主義的種種貿易保護措施，而大力主張自由貿易，但在他的「無形之手」與司馬遷的「善者因之」一樣，不過是一個簡單的片語。

雖然司馬遷與亞當斯密都沒有提出完整的自由經濟理論，他們二人也沒有預測經濟發展，或創制出經濟學模型，但斯密與司馬遷同樣敏銳地觀察到一些現象，亞當斯密提倡「事情按照自身的規律辦事」[110]，又以「看不見的手」為喻，而此啟發了後來者的研究，將其發揚光大。司馬遷的「善者因之」體現了道家思想，認為順應市場發展對社會最為有利，而國家更應以此為最高法則，但也要注意順應時勢，配合政策加以「利導」經濟活動，此點與斯密針對重商主義限制出口貿易的做法，認為非到必要時不應干預出口貿易（比如饑荒定）[111] 的主張竟不謀而合。足見二人都不是盲目的自由經濟學信徒。

亞當斯密與司馬遷同樣不是完全的放任主義者，斯密提出政府要擔當「守夜人」的角色，反對不必要的干預，政府只需要維持社會的公義（特別是司法方面）、公共事業發展（尤其是青年教育）、政治穩定（最重要是有效抵抗別國的入侵）即可[112]，而司馬遷主張順應自然

---

109 蔡博文：《解構一隻看不見的手話語：對經濟學方法論的反思》，頁36。

110 〔英〕加文・肯尼迪著，蘇軍譯：《亞當・斯密》，頁294。

111 《亞當・斯密》，頁289。

112 尹伯成主編：《西方經濟學說史》（上海市：復旦大學出版社，2005年），頁43。《亞當・斯密》，頁263-273。

的同時，也不反對國家以「教誨」的方法，鼓勵發展農業，以穩定糧食之供應（斯密也認為政府應鼓勵人民多參加娛樂活動）[113]，必要時亦可用「整齊」的手段平衡經濟發展，可見他們都不主張是完全放任的經濟學人。

亞當斯密以曖昧的隱喻「無形之手」來闡述經濟，給予後世學者極大的啟發，譬如新古典經濟學者從「無形之手」推衍出市場機制的「競爭均衡」（Competitive equilibrium）[114]，而司馬遷的「善因論」就被長期地忽視，原因在於斯密當時以及身後歐洲經濟不斷上升；革命衝擊了絕對主義及封建階級，政治自由化與經濟自由化與時並進，社會發展一日千里，還有群雄並立，戰爭不斷。如是者，國家社會對經濟理論的需要殷切，斯密具有啟發性的隱喻不斷被重新闡釋，直至二次世界大戰後為芝加哥經濟學派（Chicago School of Economics）的大力推崇，「無形之手」成為家傳戶曉的名詞。

司馬遷的遭遇就剛剛相反，「善因論」提出在中國經濟由開放走入封閉的時期[115]，雖然司馬遷吸收了春秋戰國至漢初學者的智慧，總結出「善者因之」的經濟規律，可是隨著漢帝國大統一的基礎日益鞏固，國家控制了意識形態，在國家眼裡，小農經濟的穩定性比之商業發展更為重要。重農抑商的思想排斥了自由開放的經濟取向，司馬遷的「善因論」因而不被後世重視，甚至遭到東漢的官方史家班固非

113　《亞當・斯密》，頁289。

114　蔡博文：《解構一隻看不見的手話語：對經濟學方法論的反思》，頁87。

115　宋敘五〈從司馬遷到班固──論中國經濟思想的轉折〉：「中國經濟發展，在西漢時期，未能趁著良好的機遇，走上資本主義，就是因為中國經濟思想在西漢受到政治及學術壓力，使經濟思想的勢頭，由開放、自然、自由的方向，轉折而入於封閉、保守的方向。西漢之後，經濟思想，地位愈低、層次愈賤，歷代名士大儒不談經濟，恥談經濟。談經濟者，亦僅在技術層面、功利層面、實用層面，而絕少在學術、思想、理論層面談經濟。」（頁2）

議。[116]

　　司馬遷比亞當斯密早二千年提出按照市場規律發展的觀察，卻因中國商業經濟的過分早熟，古代中國的資本主義提早夭折[117]，隨著國家走進大統，而轉向小農經濟主導，而有天淵之別的待遇，也反映了中國歷史發展的特殊性。

---

116 班固對他的批評為：「又其是非頗繆於聖人，論大道則先黃老而後六經，序遊俠則退處士而進姦雄，述貨殖則崇勢利而羞賤貧，是其所蔽也。」見《漢書》〈司馬遷傳〉，頁2737-2738。

117 唐德剛〈論國家強於社會〉：「那在西漢初年便已萌芽了的中國資本主義，乃被一個輕商的國家一竿打翻，一翻兩千年，再也萌不出芽來。」原載香港《開放》月刊1999年5月號，轉引自宋敘五：〈從司馬遷到班固——論中國經濟思想的轉折〉，頁12。

丙　敘述篇
《史記》的歷史與文學敘述

第六章
《史記》〈貨殖列傳〉的生產行業

　　一直以來，許多人都誤以為中國自古就有「士、農、工、商」的四民階層的傳統，而且認為是歷史常態，長久不變。其實，中國第一部紀傳體通史《史記》，在書中並無所謂「士、農、工、商」的四民階層的相關記載，反而於專門記述經濟事務的〈貨殖列傳〉，作者不止一次提到「農、虞、工、商」四種行業，而非「士、農、工、商」，此與四民階層說看似相近，其實不然，四民是指社會階級，而司馬遷則只是點出當代社會最重要的四大行業，並從社會經濟現實的角度考察。

　　從新歷史主義學者來看，史學是有別於史實，後者是客觀而真實的存在，而前者又稱為歷史的認識，或作符號（文字）的歷史[1]，或多或少帶著史學家主觀的建構，本文將討論司馬遷對於漢代生產行業的認識，並以班固為比較對象，考察他們二人對共同問題認識的差異。

第一節　〈貨殖列傳〉的四種行業

　　司馬遷身為歷史學家，同時又是一位社會觀察家，在他看來，〈貨殖列傳〉就是討論先秦至當代的社會經濟問題。故此，他對漢初社會的現狀有著深刻的認識，他對於當時社會上的生產行業，有以下的分析，其謂：

1　李風亮：〈文學敘事與歷史敘事比較的理論基點〉，《華中師範大學學報》第43卷第4期（2004年），頁113。

農不出則乏其食，工不出則乏其事，商不出則三寶絕，虞不出則財匱少。財匱少而山澤不辟矣。此四者，民所衣食之原也。原大則饒，原小則鮮。上則富國，下則富家。貧富之道，莫之奪予，而巧者有餘，拙者不足。[2]

司馬遷在同卷又云：

故待農而食之，虞而出之，工而成之，商而通之。此寧有政教發徵期會哉？人各任其能，竭其力，以得所欲。故物賤之征貴，貴之徵賤，各勸其業，樂其事，若水之趨下，日夜無休時，不召而自來，不求而民出之。……周書曰：「農不出則乏其食，工不出則乏其事，商不出則三寶絕，虞不出則財匱少。」財匱少而山澤不辟矣。此四者，民所衣食之原也。原大則饒，原小則鮮。上則富國，下則富家。貧富之道，莫之奪予，而巧者有餘，拙者不足。[3]

在司馬遷看來，「農、虞、工、商」四者是人民生活的基礎，四者充實，則社會繁榮，相反，則對國家有所危害，他認為這四者是富國強家不可或缺的要素。經濟思想學者胡寄窗指出，司馬遷相信「農、虞、工、商」四者的「徵發」和「會期」是由自然形成，而不需要政府干預就可以發展而成[4]，此點與司馬遷一貫的自由主義經濟觀相通，他向來反對國家不必要的干預，而主張「善者因之」，無為而治的黃老之學。上引「此寧有政教發徵期會哉」[5]一語，司馬氏以反問

2　司馬遷：〈貨殖列傳〉，《史記》，頁3255。

3　《史記》，頁3254-3255。

4　胡寄窗：《中國經濟思想史》，中冊，頁55。

5　《史記》，頁3254。

的形式去抒發他對自由市場的憧憬，並借此暗地裡批評以漢武帝為首的國家經濟主義和新經濟政策，這是符合司馬遷一貫的諷刺文學之寫作風格。

簡而言之，一些如漁、林、鹽、冶、礦、牧等均屬於第一產業的行業，在漢代都是屬於「虞」的範圍，此類行業在漢初都開放與民間經營，直至漢武帝元狩五年，部分歸入國家專營，又設置鹽鐵官員主理。[6]在新經濟政策推行前，從事「虞」這一行業的人數應有一定的數量，《史記》〈貨殖列傳〉中的富商巨賈，大多也是做鹽、鐵生意[7]，而他們聘用了大量的勞動人口，在社會上影響極大。同時，當文帝開放了山林之禁後，又有很多個體戶靠開發山林池澤維生，否則司馬遷不會把「虞」和「農」、「工」、「商」並列。

套用現代眼光，「虞」即是屬於從事原始產業的勞動階層，「虞」

---

6 錢穆：《秦漢史》（北京市：三聯書店，2004年），頁167-168。

7 司馬遷筆下的西漢巨富如下：

人　名	行　業	簡　　　　介
蜀卓氏	工業	其先趙人，冶鐵致富。秦破趙，遷至臨邛。即鐵山鼓鑄，富至僮千人。田池射獵之樂擬於人君。
程鄭	工業	山東遷虜，冶鑄，富埒卓氏。
宛孔氏	工業、商業	梁人，用鐵冶為業。秦伐魏，遷孔氏南陽，大鼓鑄。因通商賈之利，家致富數千金。
曹邴氏	工業、商業	先以冶鐵起，富至巨萬。其後賈貸行賈遍郡國。
刁間	商業	逐漁鹽商賈之利，連車騎，交守相，起富數千萬。
師史	商業	轉轂以百數，賈郡國，無所不至。致七千萬。
宣曲任氏	商業	糧食囤積販賣，豪傑金玉盡歸任氏。
橋姚	牧畜	塞外致馬千匹，牛倍之，羊萬頭。粟以萬鍾計。
無鹽氏	子錢家	景帝時，吳楚七國反。出征將領貸子錢，諸子錢家莫敢貸，唯無鹽氏貸出，三月吳楚平，無鹽氏息什倍。富埒關中。

※本表據《史記》〈貨殖列傳〉編輯而成

與從事第二產業的手工業的勞動者，即「工」人是略有分別。以上是
司馬遷從當時社會經濟活動而得出的觀察，此大抵合乎當時社會經濟
的實況，在他看來，此四種行業是社會經濟不可或缺的基礎。農業和
虞業都屬原始生產行業，而工業則是加工行業，商業屬於服務行業，
即第三產業，當然，古代人不可能有此現代概念，但至少可以肯定，
當時社會上各行各業已有仔細的分工，甚至有專業化的發展趨勢，而
司馬遷對此如實記載，沒有為了抬高自身身分，而將在漢代不屬生產
行業的「士民」並列其中，充分反映了其忠於歷史的記述風格。

第二節　班固的四民階層說

　　與《史記》截然不同，《漢書》〈貨殖傳〉甫開始即指出社會中四
民階層的分野[8]，班氏所謂的四民階層，即是「士、農、工、商」，班
固馬上又引用《管子》之說，並指出在古代四民不得雜處。[9]〈貨殖
傳〉既然是討論經濟史事，那麼在班氏的心目中，「士、農、工、商」
理應是屬於生產行業，但事實上，漢代的「士民」又是否屬於生產行
業呢？若不是，何以班固又會把「士民」並列其中？如上所述，《史
記》〈貨殖列傳〉記述了四種不同的行業，班固的《漢書》則不然，
他只記述了四民階層，而偏偏缺少了「虞」這一行業，更重要的是他
在〈貨殖傳〉中，完全沒有提及「虞」這一個概念，「虞」這個字，一
次也沒有在此章出現，班氏反而把「士民」與其他三個行業並列。

8　《漢書》〈貨殖傳〉：「然後四民因其土宜，各任智力，夙興夜寐，以治其業，相與
　　通功易事，交利而俱贍，非有徵發期會，而遠近咸足。」（頁3679）

9　《漢書》〈貨殖傳〉：「管子云古之四民不得雜處。士相與言仁誼於閒宴，工相與議
　　技巧於官府，商相與語財利於市井，農相與謀稼穡於田野，朝夕從事，不見異物而
　　遷焉。」（頁3679-3680）

司馬遷既然如此重視「虞」這一行業，而班固在此章中，內容多依據《太史公書》，但什麼原因使得班氏沒有提及此處呢？這實在令人費解。到底是到了東漢已經沒有了「虞」這一個行業，以致影響到班氏對「虞」的掌握？抑或是在東漢以後，「虞」這一類工種已經不再重要？還是班固的記述並不是忠於史實，而是只反映其主觀的思想，有意排斥「虞」，而把「士民」與其他行業並列。我認為答案似乎是最後者，自漢武帝新政，大部分「虞」的業務已收歸國有，商人不得染指，既為國有，僱用勞動人口數量自然不可與自由市場相比，少了僱員與個體戶，結果「虞」這一身分的數量與影響力大大降低，到了東漢，「虞」這一概念已漸漸淡出歷史舞臺，班固以當時自身的社會概念來記載西漢的歷史事實，以今人的角度記述歷史，故此其敘述與司馬遷大相逕庭。雖然班氏在〈貨殖傳〉並未有「虞」的記述，但，〈食貨志〉則不然：

> 殷周之盛，《詩》、《書》所述，要在安民，富而教之。……是以聖王域民，築城郭以居之；制廬井以均之；開市肆以通之；設庠序以教之；士、農、工、商，四人有業。學以居位曰士，辟土殖穀曰農，作巧成器曰工，通財鬻貨曰商。聖王量能授事，四民陳力受職，故朝亡廢官，邑亡敖民，地亡曠土……農民戶人己受田，其家眾男為餘夫，亦以口受田如比。士、工、商家受田，五口乃當農夫一人。此謂平土可以為法者也。若山林、藪澤、原陵、淳鹵之地，各以肥磽多少為差。有賦有稅。稅謂公田什一及工、商、衡虞之人也。賦共車馬、兵甲、士徒之役，充實……[10]

---

10 《漢書》，頁1117-1120。

上文大篇幅地描寫當時的社會經濟情況，在說明賦稅時則有「衡虞之人也」的徵收，「虞」為納稅之民，但在班氏筆下卻沒有詳細交代其事，反而以絕大多數的幅度討論農業，如此敘述，更反映班氏的記述，有著很大的選擇性和主觀意志排斥了「虞業」。其實，任何歷史敘事也脫離不了作者的主觀因素，班固一方面是受了時代的影響，同時又反映了他身為官方史學的立場，也代表了政府重農抑商的態度，更加牽涉其個人在敘述中建構他所認同的理想社會模式，也即是管仲等人口中的四民分野的社會結構。相反，司馬遷身為民間學者的身分以及其自由開放的立場，在敘述四行業時，他是站在社會觀察家的立場上，作出貼近真實的陳述，又是比班固勝了一籌。

第三節　四民階層的歷史淵源

《史記》〈貨殖列傳〉與《漢書》〈貨殖傳〉的內容大多相同，其實應該說班固幾乎把司馬遷的文字保留下來，但同時班固也運用了其主觀的敘事方法，將其價值觀滲透其中。譬如在〈貨殖傳〉開首，班固馬上引用《管子》說古時四民階層不得雜處之說。對此，明末清初學者顧炎武在《日知錄》中，有〈士何事〉條對亦有所分析，其謂：

> 士、農、工、商謂之四民，其說始於《管子》。三代之時，民之秀者乃收之鄉序，升之司徒而謂之士。……則謂之士者大抵皆有職之人矣，惡有所謂群萃而州之處，四民各自為鄉之法哉。春秋以後，游士日多。〈齊語〉言桓公為游士八十人，奉以車馬衣裘，多其資幣，使周游四方，以號召天下之賢士，而戰國之君遂以士為輕重，文者為儒，武者為俠。嗚呼！游士興而先王之法壞矣。

明末清初的顧炎武指出四民之說最早是由《管子》一書提出，而且不止一次。[11]眾所周知，《管子》約成書於戰國中晚期，非全於管仲之手，而是後人集體編輯而成[12]，假如顧氏之說當真，即是說四民之說最晚已於當時提出。然而，事實又是否如此？細讀春秋戰國時期的《左傳》，不難發覺魯襄公九年的記載，也相類似的說法，其云：

> （晉國）其士競於教；其庶人力于農穡；商工皂隸，不知遷業。[13]

原來早在春秋之時，已有四民並列之記錄，據上引文，其次序是「士、農、商、工」，而非如後世流行的「士、農、工、商」四民說。當然，上引《左傳》此條材料，作者不一定是有意識的排列，即不一定像班固的記述般，是帶有等序差異的階級意味，含有高下貴重之別。本文認為班固的四民說之目的，明顯是要突出「士民」作為四民之首的地位，我們不難合理地把他「士民」的身分與此相連起來，

---

11 《管子》〈治國〉：「凡農者月不足而歲有餘者也，而上徵暴急無時，則民倍貸以給上之徵矣。耕耨者有時，而澤不必足，則民倍貸以取庸矣。秋糴以五，春糴以束，是又倍貸也。故以上之徵而倍取於民者四。關市之租，府庫之徵，粟什一，廂輿之事，此四時亦當一倍貸矣。夫以一民養四主，故逃徙者刑，而上不能止者，粟少而民無積也。常山之東，河汝之閒，蚤生而晚殺，五穀之所蕃庸也，四種而五穫，年中畝二石，一夫為粟二百石；今也倉廩虛而民無積，農夫以粥子者，上無術以均之也。故先王使農士商工四民交能易作，終歲之利，無道相過也。是以民作一而得均。民作一，則田墾，姦巧不生；田墾，則粟多；粟多，則國富。姦巧不生，則民治而富，此王之道也。」見李勉註譯：《管子今註今譯》（臺北市：臺灣商務印書館，1990年），頁767-768。

12 張固也：《管子研究》（濟南市：齊魯書社，2006年），頁21-22。

13 〔晉〕杜預注，〔唐〕陸德明音義，〔唐〕孔穎達疏：《春秋左傳注疏》（臺北市：藝文印書館，1965年《十三經注疏》影印清嘉慶二十年〔1815〕南昌府學重刊宋本），頁527a。

身為士人菁英的代表,《漢書》既為官方史學,即是說班固已牢牢掌握了官方的話語權,那很容易撰寫出有利於他自身階層利益的敘述,他極可能是有意識地把士人的地位,在文字上凌駕其他階層,加上他的敘述是為政治服務,把漢武帝以來建立的士人政府合理化,刻意抬高「士」的社會地位,故把「士民」列為四民之首。《左傳》的記述則似是反映當時社會上各人的具體生活情況,士人從事教職,庶民多數務農,工商各司其職,此史料的排列似乎沒有先後次序之分。

另外,《國語》〈齊語〉亦記載了管仲與桓公的對話:

> 四民者勿使雜處,雜處則言哤,其事易。[14]

上文記載了管仲與桓公的說話,此大抵與《管子》一書與此條史料大抵相合。[15]究竟《國語》是抄錄《管子》,還是剛好相反,又或者它們是引用自相同的材料,抑或還有其他可能性呢?現階段實在難以下任何定論。因為《管子》並非由管子親手書寫,而是大概成書於戰國晚

---

14 《春秋左傳注疏》,頁390a。

15 《管子》〈小匡〉:「(齊桓)公曰:『為之奈何?』管子對曰:『昔者聖王之治其民也,參其國而伍其鄙,定民之居,成民之事,以為民紀。謹用其六秉,如是而民情可得。而百姓可御。』桓公曰:『六秉者何也?』管子曰:『殺生貴賤貧富,此六秉也。』桓公曰:『參國奈何?』管子對曰:『制國以為二十一鄉,商工之鄉六,士農之鄉十五,公帥十一鄉,高子帥五鄉,國子帥五鄉,參國故為三軍,公立三官之臣。市立三鄉,工立三族,澤立三虞,山立三衡,制五家為軌,軌有長。十軌為里,里有司。四里為連,連有長。十連為鄉,鄉有良人。三鄉一帥。』桓公曰:『五鄙奈何?』管子對曰:『制五家為軌,軌有長。六軌為邑,邑有司。十邑為率,率有長。十率為鄉,鄉有良人。三鄉為屬,屬有帥。五屬一大夫,武政聽屬,文政聽鄉,各保而聽,毋有淫佚者。』桓公曰:『定民之居,成民之事,奈何?』管子對曰:『士、農、工、商四民者,國之石民也。不可使雜處,雜處則其言哤。』」見李勉註譯:《管子今註今譯》,頁386。

年，由學者集體創作而成[16]，而《國語》的成書年代更是不可考，但很有可能是稍早於《管子》一書，故此，顧炎武以為四民之說，是始於《管子》，亦不可盡信。惟上引文說古之四民不可雜處，此說在約成書於戰國末期的《晏子春秋》也有相近的說法。[17]原來，同時期的《荀子》，也有相近的記錄。書中有「農、士、工、商」並列的陳述，今檢《荀子》〈王制篇第九〉：

> 故喪祭、朝聘、師旅一也；貴賤、殺生、與奪一也；君君、臣臣、父父、子子、兄兄、弟弟一也；農農、士士、工工、商商一也。[18]

此四民之排列，也非如班固所說的「士、農、工、商」，而是「農、士、工、商」，而原文上句是「君、臣、父、子、兄、弟」，這個句子明顯是有高下次序的含意，君先於臣，父前於子，故此可以推論後句也有次序輕重的意思。

　　總而言之，把「農、士、工、商」並列的做法在戰國中晚期已經相當流行，絕不是後世無中生有而來，又反映了《管子》一說並非孤證，但不論是《左傳》還是《荀子》也沒有直接提及「四民」一詞，此與《管子》、《國語》、《晏子春秋》有所不同。另方面，《荀子》的排列與《漢書》所載不同，原因又是什麼？而成書於西漢的《史記》也沒有此說，而司馬遷只有提及「農、虞、工、商」四種行業呢？西

---

16 張固也：《管子研究》（濟南市：齊魯書社，2006年），頁21-22。

17 《晏子春秋》〈外篇第八〉〈工女欲入身于晏子晏子辭不受第十一〉：「晏子曰：『乃今日而後自知吾不肖也！古之為政者，士農工商異居，男女有別而不通，故士無邪行，女無淫事。今僕託國主民，而女欲奔僕，僕必色見而行無廉也。』遂不見。」見吳則虞編著：《晏子春秋集釋》（北京市：中華書局，1962年），頁509。

18 李滌生：《荀子集釋》（臺北市：臺灣學生書局，1979年），頁178。

漢前期賈誼的《新書》〈輔佐〉中，也有四民一詞，惟也不似士農工商一類。[19]稍晚於司馬遷的《鹽鐵論》〈水旱〉也有提到「古者，千室之邑，百乘之家，陶冶工商，四民之求，足以相更」[20]，這裡的四民也沒有包括士人在內。《淮南子》的確載有四民之說[21]，而且文字內容與道家著作《文子》相近，[22]雖然古本（即八角廊竹簡）與今本《文子》的內容大多不同，但也可以推斷《文子》一書應稍早於《淮南子》，故《淮南子》之中的四民說應是早於武帝時代的文字，而據學者張弘分析，《淮南子》中士農工商之說屬於持平態度，四民均等，「各安其勝，不得相干」[23]。

簡言之，《淮南子》大抵與《管子》、《國語》、《晏子春秋》的時代最多相差數十年，可見戰國晚年至西漢年間，四民說亦曾經流行，當然跟東漢至後世的史書論及社會經濟時言必有士、農、工、商有很大的差別。西漢後期也有士、農、工、商四民之說的記載，劉向《說

---

19 《新書》〈輔佐〉：「桃師，典春以掌國之眾庶四民之序，以禮義倫理教訓人民。方春三月，緩施生遂，動作百物，是時有事于皇祖皇考。」見於智榮譯注：《賈誼新書譯注》（哈爾濱市：黑龍江人民出版社，2002年），頁166。

20 《鹽鐵論校注》，頁428。

21 《淮南子》〈齊俗〉：「治世之體易守也，其事易為也，其禮易行也，其責易償也。是以人不兼官，官不兼事，士農工商，鄉別州異，是故農與農言力，士與士言行，工與工言巧，商與商言數。」見〔漢〕劉安等著，許匡一譯注：《淮南子全譯》（貴陽市：貴州人民出版社，1993年），頁641-642。

22 《文子》〈下德〉：「是以人不兼官，官不兼士，士農工商，鄉別州異，故農與農言藏，士與士言行，工與工言巧，商與商言數。是以士無遺行，工無苦事，農無廢功，商無折貨，各安其性。異形殊類，易事而不悖，失處而賤，得勢而貴。夫先知遠見之人，才之盛也，而治世不以責於人，博聞強志，口辯辭給，人知之溢也，而明主不以求於下，敖世賤物，不從流俗，士之伉行也，而治世不以為化民。」見「中國哲學書電子化計劃」網站：http://ctext.org/pre-qin-and-han/zh?searchu=%E5%A3%AB%E8%BE%B2%E5%B7%A5%E5%95%86%E9%84%89%E5%88%A5%E5%B7%9E%E7%95%B0。

23 張弘：《戰國秦漢時期商人和商業資本研究》（濟南市：齊魯書社，2003年）頁292。

苑》〈政理〉云：「《春秋》曰：四民均則王道興而百姓寧。所謂四民者，士、農、工、商也。婚姻之道廢，則男女之道悖，而淫泆之路興矣。」引文說是轉引自《春秋》，惟今本《春秋》未見此語，實未可輕下定論。戰國時期的《尉繚子》有「制者，職分四民，治之分也」，但沒有具體說明何四民。今又檢《穀梁傳》成公元年記：

> 上古者有四民：有士民、有商民、有農民、有工民。[24]

《穀梁傳》最晚成書於西漢初年，其內容反映了戰國至西漢時期的思想，而上文與《管子》、《國語》、《晏子春秋》一樣，也用了「四民」一詞，其分別在於次序的排列有不同，此反映了當時四民之位列非如後世般涇渭分明，更重要的是《穀梁傳》並明確表明「四民」是上古之事，且將「士民」與商農工等生產行業並列。寫到這裡，我們要進一步追問，「士民」在上古之時是否屬於生產行業？

《穀梁傳》的次序排列是「士、商、農、工」，此說法又與《荀子》一書又不盡相同，與班固的「四民說」略有不同，又跟《史記》〈貨殖列傳〉中所載四種行業的概念又完全不同，但仍離不開「士、商、農、工」。此說明了班固的說法是有歷史淵源，而司馬遷的記述卻是別開生面，有其個人風格，此與他重視寫實主義的性格不無關係。

上引顧炎武《日知錄》，他認為三代之時，「士民」大多是有職之人，三代的「士民」與西漢或後世完全不一樣，三代的「士民」不單是一種社會地位，而是一種專業的生產行業，他們要麼是諸侯的武士，要麼就是文士，反正就是有職之士。但是，自春秋戰國以來，封

---

24 〔晉〕范甯集解，〔唐〕楊士勛疏：《春秋穀梁傳注疏》（臺北市：藝文印書館，1965年《十三經注疏》影印清嘉慶二十年〔1815〕南昌府學重刊宋本），頁128b。

建制度持續敗壞[25]，原來有職的「士民」階層，因國家衰落而紛紛失
去原有的職業，「禮失求諸野」，像孔子那樣，失去了貴族的身分後從
事教育工作，又或者像蘇秦那般當說客謀生，總之當時的士人就是提
供專業服務，要麼販賣知識，要麼依賴謀略為生，但可以想像，更多
的士人是在家待業，沒有工作，而他們沒有恆產，三餐不繼，所以孟
子才有「無恆產而有恆心者，惟士為能」的自我安慰之言。

　　余英時曾以「士」為中心，對春秋戰國時代社會階層作出深入研
究，余氏認為「士」經過了「封建」制度破壞以及禮崩樂壞的「哲學
的突破」（philosophic breakthrough）[26]，「士」進入了社會流動（social
mobility）中，成為真正的公共知識分子（intellectual），但是，不少知
識分子在社會流動中失去了世襲的地位，不像從前，他們在此時大多
成為了無職之士，對此，戰國中後期的《莊子》〈天下篇〉早有明確的
記載。[27]至於戰國晚期的《呂氏春秋》〈高義〉也有深刻的說明，其謂：

> 若越王聽吾言、用吾道，翟度身而衣，量腹而食，比於賓萌，
> 未敢求仕。[28]

---

25 《左傳》〈哀公二年〉：「克敵者，上大夫受縣，下大夫受郡，士田十萬，庶人工商
　遂，人臣隸圉免。」見《春秋左傳注疏》，頁994b-995a。按：「道求將為天下裂」可
　反映禮崩後「士」的抬頭，而「庶人工商遂」即意味社會階層出現了流動。

26 余英時：《士與中國文化》，頁20。

27 《莊子》〈天下〉：「天下大亂，賢聖不明，道德不一。天下多得一察焉以自好。譬
　如耳目鼻口，皆有所明，不能相通。猶百家眾技也，皆有所長，時有所用。雖然，
　不該不遍，一曲之士也。判天地之美，析萬物之理，察古人之全。寡能備于天地之
　美，稱神明之容。是故內聖外王之道，暗而不明，郁而不發，天下之人各為其所欲
　焉以自為方。悲夫！百家往而不反，必不合矣！後世之學者，不幸不見天地之純，
　古人之大體。道術將為天下裂。」見〔清〕郭慶藩撰，王孝魚點校：《莊子集釋》
　（北京市：中華書局，1995年），頁1069。

28 〔戰國〕呂不韋著，陳奇猷校注：《呂氏春秋新校釋》（上海市：上海古籍出版社，
　2002年），頁1255。

上引《呂氏春秋》說當世的「士民」，已不一定是世襲有職的士人，
而大多都是正在待業的「游士」，他們向不同的諸侯游說，一直渴望
偶得明主，尋得職位，此情況在春秋戰國之時已相當普遍，而「士
民」一詞亦是當時的流行用語，代表知識分子在當時已成為了一股具
有影響力的群體[29]，在戰國時期，士人多成為游士，他們多生活潦
倒，道德也多有滑落，戰國期的《荀子》在〈非十二子〉篇中有嚴厲
的批評。[30]到了秦一統天下，此風大減，後來西漢初年又故態復萌。
戰國時期的情況，《戰國策》〈蘇秦始將連橫〉有載：

> 說秦王書十上而說不行，黑貂之裘敝，黃金百斤盡。資用乏
> 絕，去秦而歸。嬴□履，負書擔橐，形容枯槁，面目黧黑，狀
> 有愧色。歸至家，妻不下□，嫂不為炊，父母不與言。蘇秦喟
> 然歎曰：「妻不以我為夫，嫂不以我為叔，父母不以我為子，
> 是皆秦之罪也！」……且夫蘇秦特窮巷掘門桑戶棬樞之士耳，
> 伏軾撙銜，橫歷天下，廷說諸侯之王，杜左右之口，天下莫之
> 能伉。將說楚王，路過洛陽，父母聞之，清宮除道，張樂設

---

29 《馬王堆漢墓帛書‧戰國縱橫家書》（北京市：文物出版社，1976年）：「若慮大惡則
　無之。燕大惡，臣必以死諍之，不能，必令王先知之。必毋聽天下之惡燕交者。以
　臣所□□□魯甚焉。□臣大□□息士民，毋庸發怒於宋魯也……」（頁31）除了傳統
　文獻外，士民一詞亦見於出土文獻，可見士民並非由後代強加之於先秦社會之上。

30 《荀子》〈非十二子〉：「古之所謂仕士者，厚敦者也，合群者也，樂富貴者也，樂
　分施者也，遠罪過者也，務事理者也，羞獨富者也。今之所謂仕士者，汙漫者也，
　賊亂者也，恣孳者也，貪利者也；觸抵者也，無禮義而唯權埶之嗜者也。士君子之
　所能不能為：君子能為可貴，而不能使人必貴己；能為可信，而不能使人必信己；
　能為可用，而不能使人必用己。故君子恥不修，不恥見汙；恥不信，不恥不見信；
　恥不能，不恥不見用。是以不誘於譽，不恐於誹，率道而行，端然正己，不為物傾
　側：夫是之謂誠君子。詩云『溫溫恭人，維德之基』，此之謂也。」見李滌生：《荀
　子集釋》，頁105。

飲，郊迎三十里；妻側目而視，傾耳而聽；嫂□行匍伏，四拜
自跪而謝。蘇秦曰：「嫂何前倨而後卑也？」嫂曰：「以季子
之位尊而多金。」蘇秦曰：「嗟乎！貧窮則父母不子，富貴則
親戚畏懼，人生世上，勢位富貴，蓋可忽乎哉！」[31]

到了秦代，始皇聽從李斯的建議，實行以吏為師，士人的地位益發低
微，有職之士更少之又少，士人沒有職業，而有產之士更是鳳毛麟
角，游士早已成為普遍的社會現象，近年出土的《雲夢秦簡》中即有
「游士律」對無職之士加以管理，防止游士活躍於社會之中，其中條
文如下：

游士在亡符，居縣貲一甲，卒歲責之。有為故秦人出，削籍，
上造以上為鬼薪，公士以下刑為城旦。[32]

到了西漢初年，游士又重新活躍於各諸侯之間，《史記》〈司馬相如列
傳〉記載：

（景帝時）梁孝王來朝，從游士齊人鄒陽、淮陰、枚乘、吳莊
忌夫子之徒。相如見而說之，因病免，客說梁。梁考王令與諸
生同舍。[33]

又《漢書》〈鄒陽傳〉云：

---

31 〔漢〕劉向集錄：《戰國策》（上海市：上海古籍出版社，1978年），頁85-90。
32 睡虎地秦墓竹簡整理小組：《睡虎地秦墓竹簡》（北京市：文物山版社，1978年），
　　頁129-130。
33 《史記》，頁2999。

> 漢興，諸侯王皆自治民聘賢，吳王濞招致四方游士。陽與吳嚴
> 忌、枚乘等俱仕吳，皆以文辯著名。[34]

由此可見，自戰國至西漢以來，不少士人都成了游士，而游士大多沒
有固定的職業，此跟上古之時，士人世襲職位的情況已有所分別，加
上又有一些士人成了「逸民」，選擇避世隱居，但共通點是他們也是
沒有職業之人，部分士人或已轉職，成為虞、農等行業的一員。故
此，在西漢之時，「士民」嚴格來說只不過是一種身分而非生產行
業，「士民」的討論應當在其他篇章，而非〈貨殖列傳〉之中。〈貨殖
列傳〉作為專門記述經濟事務的篇章，把「士民」與「農」、「工」、
「商」等行業並列一起，是不符合當時的社會情況，所以司馬遷只作
了「農、虞、工、商」的說明。作為討論春秋戰國至西漢年間社會經
濟問題的《史記》〈貨殖列傳〉，從沒有提及四民階層，甚至連「士
民」一詞也沒有在文中出現，這就可以知道在司馬遷看來，「士民」
一詞與社會經濟事務並無直接關係，故將士農工商放在一起，在封建
制度禮崩樂壞以前或許適用，但在春秋戰國以後，似乎過於穿鑿附
會，司馬遷的敘述比起班固更合社會實況。

第四節　從「行業說」看司馬遷的歷史眼光

　　於生產行業的敘述看來，司馬遷是忠誠的歷史學家，此在〈貨殖
列傳〉的「行業說」中可反映出來，說明他撰寫相關的文字時，是以
現實出發的寫實主義風格，是貼近史實，而非完全虛構的想像。上文
引用蘇秦的個案，足以說明當時士人生活的景況，寒窗苦讀，就是為

---

34 《漢書》，頁2338。

了尋得主公,一展所長。他們本身都是書生,沒有職位,算不上生產階級,只有游說成功才能謀得一官半職。蘇秦是典型的游士,此類人物在戰國時代大有人在,戰國四公子門下就有食客三千,當時游士之數是以萬計算,他們沒有固定職業,或像蘇秦般需要由父兄供養,漢景帝、武帝時的魏其侯竇嬰、潁陰侯灌夫也恢復了大量招養食客的古風,說明游士、舍人的風氣捲土重來。[35]

由此可見,游士與上古「士民」不同,他們不再是有職之士,故此算不上是生產行業。〈太史公自序〉自述了他的寫作動機,他說:「布衣匹夫之人,不害於政,不妨百姓,取與以時而息財富,智者有采焉。作〈貨殖列傳〉第六十九。」[36]可見他的確是借〈貨殖列傳〉以討論經濟問題,事實上,〈貨殖列傳〉大部分篇幅,都是集中討論戰國至西漢的社會經濟情況,故他沒有把大多少無職的「士民」與農、虞、商等生產行業並列一起,是甚有見地,亦合乎上述考證的結論,更完全符合〈貨殖列傳〉的寫作宗旨。

至於《漢書》雖名為斷代史,但〈貨殖傳〉也是與《史記》通史般無異,同樣集中記述戰國至西漢年間的經濟事務,內容絕大部分是抄自《史記》,惟班氏卻把大多無職的「士民」與「農」、「工」、「商」等生產行列並列一起,此舉與歷史事實不盡相符,似文學敘事多於史學表述,仿如後現代學者所指的歷史敘事與虛構敘事無法分開的那樣[37],就此處而言,班固不是在記歷史,而是在構造他心中理想的社會模式。同時,班氏在追述商周時期,更強調當時四民有業的情

---

35 《史記》〈魏其武安侯列傳〉:「灌將軍夫者,潁陰人也。夫父張孟,嘗為潁陰侯嬰舍人……夫不喜文學,好任俠,已然諾。諸所與交通,無非豪傑大猾。家累數千萬,食客日數十百人。」(頁2845)

36 《史記》,頁3319。

37 王同斌:《歷史與虛構──歷史敘事與文學敘事比較》(西安市:西北大學文藝學專業碩士論文,2009年),頁3。

況，正如前文所說，當時「士民」大抵皆有職之士：此並無太大爭
議，但在《漢書》〈敘傳〉中，班固直接指出撰寫〈貨殖傳〉的寫作
動機，他說：

> 四民食力，罔有兼業。大不淫侈，細不匱乏。蓋均無貧，遵王
> 之法。靡法靡度，民肆其詐。偪上并下，荒殖其貨。侯服玉
> 食，敗俗傷化。述貨殖傳第六十一。[38]

顯然易見，《漢書》〈貨殖傳〉的目的本就是要追述商周之時的情況，
故此，當班固講到「士、農、工、商」四民階層時，勉強說得上是合
乎歷史，但是在他表明寫作動機時卻說「四民食力」，他又試圖把商
周的情況套入漢代之中，這似乎是不符合西漢時期的真實情況。而
《史記》的「行業說」則是基於寫實主義而作的敘述，可見司馬遷與
班固的區別。反觀班固，他本人在書寫之時，是在「揚士抑商」的主
觀心態下撰寫〈貨殖傳〉，而班固在討論此章，他一再強調「食」、
「貨」並重，近年不少學者都跨班氏獨樹一幟，認識到當時社會經濟
以農業為主、商業為輔的特色，但事實上，班固對農業的理解與司馬
遷完全不一樣，《漢書》〈食貨志〉說：「食謂農殖嘉穀可食之物。」[39]
可見他對農業的定義不過為糧食生產而已，也不包括同屬第一產業的
「虞」業。而司馬遷則不一樣，《史記》〈貨殖列傳〉說：

> 故曰：陸地牧馬二百蹄，牛蹄角千，千足羊，澤中千足彘；水
> 居千石魚陂；山居千章之材，安邑千樹棗，燕、秦千樹栗，

---

38 《漢書》，頁4266。
39 《漢書》，頁1117。

蜀、漢、江陵千樹橘，淮北、常山已南、河濟之間千樹萩，
陳、夏千畝漆，齊、魯千畝桑麻，渭川千畝竹；及名國萬家之
城，帶郭千畝畝鍾之田，若千畝卮茜（染料），千畦薑韭，此
其人皆與萬戶侯等。[40]

由上可知，司馬遷對農業的理解與班固完全不同，其非止於糧食生
產，而是包括了：一、牧畜業，二、魚類養殖業，三、林業，四、果
樹業（棗、栗、橘），五、工業原料業（萩、漆、麻、竹、茜），六、
糧食。上述不少是屬於商品、奢侈品，屬於廣義的農業，此一對比說
明了班、馬二人的眼光之高下，在班固眼中除了糧食生產，除他可延
伸至工商業的農產品，他都不屑一顧。

　　戰國至西漢初年，中國已經步入貨幣經濟社會的階段，漢初政府
的俸給就是發放貨幣為工資，此反映貨幣已廣泛流通，而政府亦有大
筆稅收是來自貨幣，否則用實物轉換貨幣，再發放工資的交易成本會
極高，不是理性的經濟行為。但到了東漢，情況已有改變。隨著漢武
帝推行新政干預主義，對經濟予以致命打擊[41]，尤其武帝下令嚴格管
理虞林的採礦、鑄造、銷售，雖然私營工業未完全退出市場，但私營
的比例卻大幅下降。[42]加上兩漢之交的出現了大規模的戰亂，對社會
經濟造成嚴重的打擊，工商業衰退，交易減少，民間減少對貨幣的需
求，政府亦因而減少貨幣的收入。這一段時期，「貨幣經濟」漸被排
擠，「自然經濟」抬頭。

---

40 《史記》，頁3272。

41 有關西漢初年的貨幣制度，可分別參看宋敘五：《西漢貨幣史》（香港：中文大學出
版社，2002年），頁25-34、41-52。

42 高敏：〈秦漢時期的官私手工業〉，《秦漢史探討》（鄭州市：中州古籍出版社，1998
年），頁93。

　　東漢光武帝規定官俸的一半以錢幣支付，其餘一半則以穀發放。[43]中國自東漢以來，步入中古自然經濟的階段。兩漢時期社會經濟出現巨大的變化，俸給發放單位由西漢的錢幣為主，一改為東漢時期的「半錢半穀」，此實因社會經濟出現了轉變所致，使得政府財政收入的單位改變而產生的做法。[44]誠如著名經濟史家全漢昇所言：「中國工資制度，自漢以後，到中唐以前，有一個很明顯的特點，即以實物來支付公務員，……這些用來支付工資的實物，有時包括的種類甚多，不過以布帛及米、麥、粟等農產品為最主要。自然，有時官吏領得的薪俸，有一部分是以錢支付的；不過從大體上看，錢幣在官吏們的收入中實在只佔一小部分，他們大部分的收入還是以布帛、米、粟等實物為主。」[45]

　　這段文字，足以說明當時社會經濟的變化。班固身處於自然經濟的轉型期，所看的事物與司馬遷所見到貨幣經濟社會截然不同，客觀環境主宰意識形態，司馬遷與班固都是寫西漢歷史，但是司馬遷對社會行業的敘述較接近歷史事實，皆因貨幣經濟對他一點也不陌生，農、虞、工、商在社會的每一角落也隨處可見。東漢以降，世家大族的興起，士人與土地結合，部分士人成為了地主，社會結構與西漢之時有天淵之別，加上東漢社會已經歷了漢武帝與王莽的政策，經濟發展大不如前，漸漸由戰國以來的貨幣經濟階段倒退至中古自然經濟的開端，工商業不濟，虞業又收歸國有，又自從漢武帝推出算緡錢政策，大力打擊商人，富人自此多不欲從事商貿，又不能做虞業，只好選擇風險較低的土地投資，田連阡陌的大地主遂如雨後春筍，應運而

43　參見陳仲安、王素：《漢唐職官制度研究》（北京市：中華書局，1993年），頁6。

44　趙善軒：〈兩漢俸祿考〉，《江西師範大學學報》（哲學社會科學版）第43卷第1期（2010年）。

45　全漢昇：《中國經濟史研究》，頁99。

生。故此，班固在〈貨殖傳〉中對在漢初舉足輕重的「虞」並下半點筆墨，又有意抑止商人的社會地位，故意引用《管子》之說，把商人列為四民之末，此除了班固的主觀意志影響到他敘述，也不可忽略他身處時代的社會經濟的因素，當其時自然經濟已經抬頭，貨幣交易日趨式微，虞業已經被排出主流，而農業收縮至僅止於糧食生產，故班固的敘述實在是受到時代侷限的影響。

如果說司馬遷於生產行業的敘述是貼近史實，而班固的描述則是文學的想像，是建構他心中理想社會的設計。

第五節　社會變遷影響下的行業說

「士」在中國古代社會中，即如西方歷史學家湯因比（Arnold Joseph Toynbee, 1889-1975）所說的創造少數（creative minority）。春秋戰國時，「士」從「大抵皆有職之士」轉化為無恆產的「游士」，再慢慢形成了「士民」階層。雖然如此，戰國後期的「游士」社會地位十分極端，成功者中，不少是個人因素使然，並非社會契約的關係。再到了秦統一後，「游士」的地位大大下降，儘管漢初郡國制的推行使「游士」一度再有發展的機會，但隨著西漢政府削藩後，東周秦漢以來的「游士」時代大致結束，再加上漢初社會環境的關係，身處於相隔不遠的史家司馬遷，並未有正式討論過「四民」之定位，只有略為題及過「五民」，而且並未有詳述之。《史記》〈貨殖列傳〉云：「齊帶山海，膏壤千里，宜桑麻，人民多文采布帛魚鹽。臨菑亦海岱之間一都會也。其俗寬緩闊達，而足智，好議論，地重，難動搖，怯於眾鬥，勇於持刺，故多劫人者，大國之風也。其中具五民。」[46]這裡的

---

46 《史記》，頁3256。

五民是指什麼？實在眾說紛云，而裴駰《集解》引服曰：「士、農、商、工、賈也。」其把商賈二分，卻不見「虞」，反而加入了「士」，據上文所分析，此注解根本不合司馬遷的原意，既然〈貨殖列傳〉本為討論經濟事務的文章，士民的討論並未見於本章，反而多次提及到「虞」這一個行業，故此「虞」為五民之列，比起南朝時期裴駰《集解》的解釋更合理[47]，班固時的自然經濟已經抬頭，南北朝時更是高峰，故裴駰對西漢時期社會經濟的理解理應比前人更難以掌握。

雖然〈貨殖列傳〉是討論經濟事務，故「五民」應該屬於生產行業，但退一步說，早在先秦時期，也有與經濟無關的「五民說」，今檢《商君書》〈算地〉：

> 事《詩》、《書》談說之士、則民遊而輕其君；事處士，則民遠而非其上；事勇士，則民競而輕其禁；技藝之士用，則民剽而易徙；商賈之士佚且利，則民緣而議其上。故五民加于國用，則田荒而兵弱。[48]

上引史料中可見，上面所說的五民分別是「談說之士」，即讀書人；「處士」，即隱士；「勇士」，即兵勇之士；「技藝之士」，民間手工業者；「商賈之士」，從事生意的人。上述五民，多數與經濟事務無關，

---

47 除了司馬遷有五民之說，「五民說」又見於其他史籍。《漢書》〈地理志下〉：「臨甾，海、岱之間一都會也，其中具五民云。」（頁1661）此應是抄自上引《史記》的文字。又《宋史》〈王禹偁傳〉：「自秦以來，戰士不服農業，是四民之外又生一民……佛法流入中國，度人修寺，歷代增加。不蠶而衣，不耕而食，是五民之外，又益一而為六矣。」（〔元〕脫脫等撰：《宋史》〔臺北市：鼎文書局，1980年〕，頁9797）《宋史》撰作之時，士農工商四民說已成了中國的傳統，是時佛教傳入，僧侶成了四民以外的一種身分，而僧侶與士人一樣，都不是生產行業，與司馬遷的「五民說」更是風馬牛不相及。

48 賀凌虛註譯：《商君書今註今譯》（臺北市：臺灣商務印書館，1988年），頁66。

至於司馬遷所說的五民又是否與上書類同？答案是無從判斷，即使果真如此，但太史公並沒有像書寫「農、虞、工、商」四行業般大書特書，而是輕輕帶過，可見其並不在意，而集中於本章討論社會經濟事務。

　　簡而言之，在〈貨殖列傳〉中，沒有四民之說，卻集中討論「農、虞、工、商」四種生產行業。在司馬遷心目中，當代的「士」已不是重要的生產行業，而「虞」則替而代之。雖然歷來經濟史家亦對於問題有所關注，不過多只以為是司馬遷個人因素使然，殊不知其是由背後社會變化所促成。但在他身後的一百五十多年，班固撰寫《漢書》之時，則說四民階層自三代即為「士、農、工、商」，「士」再成為四民之列，而且處於首位（見〈食貨志〉、〈貨殖列傳〉）。至此，這同樣是另一次社會轉型（social transition）的後果。兩漢之間的社會變化，足可從「四民階層」之說反映出來。

　　總而言之，司馬遷撰寫〈貨殖列傳〉之時，正值漢武帝推行獨尊儒學，罷黜百家的政策，士人的社會地位雖然抬頭，但仍說不上是生產行業，而只是一種身分而已，故《史記》的「行業說」是大抵合乎當時的社會現實，此後，中國的學術由多元化走向一元化，東漢以降，情況更加明顯[49]，再加上班固奠定了官方修史的傳統，班氏及以後的官史，無不跟從政府的「主旋律」行事，故他對士人的敘述多受官方的意識形態所支配，肯定士人而貶抑不利於國家控制人民的商

---

49 宋敘五〈從司馬遷到班固——論中國經濟思想的轉折〉：「《漢書・儒林傳》班固說：『儒家者流，蓋出於司徒之官，助人君順陰陽明教化者也。……祖述堯舜，憲章文武，宗師仲尼，以重其言，於道為最高。……唐虞之隆，殷周之盛，仲尼之業，已試之效者也。然惑者既失精微，違離道本……』可見班固已認為儒家已經有一個『道』，而這個道，又是助人君順陰陽明教化之道。也就是讀書人（儒家獨佔）應該有一個道統，在這個道統之下，讀書人的讀書做學問的空間，以及出仕之後的立身行事，都受到很大的限制。」（頁20）

人，如此，「四民說」漸漸成了中國的主流傳統，並一直延續至後世，東漢後期崔寔（約103-170）的《四民月令》再一次把士農工商並列，多少是受到班固的影響。[50]反而，司馬遷所說的「虞」，其屬於代表性甚高的生產行業，卻不再見於後世對西漢社會經濟的描述，大抵是學術與經濟等環境的改變所致。

第六節　結論

　　司馬遷與班固一樣，皆欲在歷史敘事過程中加入其主觀的文學成分，意圖建構他們心中的理想世界，但基於身分角色、個人經歷的不同，在敘述同一個社會現象時也有不同的方向，而在行業說中，司馬遷是站在農、商並重的視野下作出闡述，而班固卻是站在重農抑商兼揚士的角度，用既得利益者的眼光，建構出不合乎漢初社會經濟實況的四民階層說，在此處而論，司馬遷是較為忠實的觀察家、史學家，而班固則是流於虛構想像的文學作家。

---

50 宋敘五〈從司馬遷到班固──論中國經濟思想的轉折〉：「但，非常不幸！由於學術、環境的轉變，中國的經濟思想作了一百八十度的轉變。從司馬遷到班固，作為兩個樣本來觀察，很明顯地看到：中國經濟思想，由樂觀、自由開放的性格，轉折入封閉、保守的方向；由肯定人類求利致富的本性，轉折入壓抑人類本性的方向；由重視百業轉折入農本主義的方向；由文人學者熱心討論經濟民生，轉折入避談經濟民生、恥談百工技藝的方向。（韓愈所謂：「巫醫樂師，百工之人，君子不齒」：韓愈〈師說〉）這一個轉折，使中國經濟思想進入『冬眠期』逾二千年。」（頁23）

第七章
〈貨殖列傳〉的國家經濟史論述
——司馬遷選材取向分析

引言

　　過往研究司馬遷經濟思想的學者，有不少人胡亂把〈貨殖列傳〉中太史公記述古人的言行事跡，或轉引別人的說話，也當作是司馬遷的發明與主張，如把計然、管子以及其他歷史人物的說話當成是司馬遷的經濟思想，甚至說成是他的創見，此難免變得穿鑿附會。故我們在研究〈貨殖列傳〉時，應當先行分析文本，瞭解司馬遷行文、選材的用意，並以此推論司馬遷的用意及其經濟思想的路徑。

　　當然，太史公在詮釋史事時，或多或少加入了作者的主觀意志，更多的敘述是經由作者有意識的選擇，合乎他的主張，則在文中大書特書，甚至加以肯定，或是在敘述的過程中暗裡表揚，相反，對於他不滿的政策或人物，他往往在敘述中暗收藏批評，借歷史人物的口，加以諷刺，或避而不談，甚至故意不為重要的人物諸如桑弘羊等人立傳，所以要把上述的情況區分起來。

　　本文希望對〈貨殖列傳〉中專門討論到的國家（或朝代）經濟史之目的進行詳細分析，以此推測司馬遷寫作之心態及其用意。

第一節　齊國開國史獨記於〈貨殖列傳〉的原因

　　〈貨殖列傳〉乃以人物事跡為本而寫成，一如其他列傳，採用多

線記錄法，即是同一件事，在不同的紀傳中以不同的角度、篇幅作描述，而在〈貨殖列傳〉首先登出的人物是太公望。惟李埏等人認為〈貨殖列傳〉的人物敘述是從陶朱公開始[1]，他們否認了太公望與管仲的隱藏身分，本文就是要從這個角度作深入的討論。

眾所周知，〈貨殖列傳〉是中國史上首部專門記述商人的傳記，司馬遷在〈太史公自序〉說：「布衣匹夫之人，不害於政，不妨百姓，取與以時而息財富，智者有采焉。作〈貨殖列傳〉第六十九。」[2]雖然他說本章是討論布衣匹夫而且對於社會國家不作損害之殷實商人，但是在〈貨殖列傳〉中首位出場的人物卻是政治人物姜子牙，可是司馬遷又沒有清楚地說明原因，但觀乎全文所記載的人物都是商人出身，由此推論，姜子牙亦不應例外。其實，在當時就有不少文獻說明太公望曾經當過小商販的記載。

屈原的《楚辭》〈離騷〉：「呂望之鼓刀兮，遭周文而得舉。」[3]《楚辭》〈天問〉：「師望在肆，昌何識？鼓刀揚聲，后何喜？」[4]屈原所說的望，即是太公望，而上文的「肆」，也即是市場的意思，此說明了太公望曾在市場做小買賣。到了西漢之時，太公望商人出身之說亦是相當普遍，在西漢初年已相當流行的《尉繚子》〈武議第八〉載：「太公望年七十，屠牛朝歌，賣食孟津，七年餘而主不聽，人人謂之狂夫也。」西漢中期寫成的《鹽鐵論》〈訟賢〉則記載：「太公之窮困，負販於朝歌也，蓬頭相聚而笑之。」西漢晚期劉向的《說苑》〈尊賢〉說得更加具體：「太公望故老婦之出夫也，朝歌之屠佐也，棘津迎客之舍人也，年七十而相周，九十而封齊。」《說苑》〈雜言〉

1　李埏等：《《史記·貨殖列傳》研究》（昆明市：雲南大學出版社，2002年），頁16。

2　司馬遷：《史記》（臺北市：鼎文書局，1981年），頁3319。

3　〔宋〕洪興祖撰，白化文等點校：《楚辭補注》（北京市：中華書局，1983年），頁38。

4　〔宋〕洪興祖撰，白化文等點校：《楚辭補注》，頁114。

又說:「呂望行年五十賣食於棘津,行年七十屠牛朝歌,行年九十為天子師,則其遇文王也。」同期的《韓詩外傳》卷七也有相近的記載:「呂望行年五十,賣食棘津,年七十,屠於朝歌,九十乃為天子師,則遇文王也。」由此可見,司馬遷在〈貨殖列傳〉安排太公望率先出場,是貫徹了以商人立傳的原則,只是由於當時人所共知,才沒有言明,此可以說是完全與他立意為商人立傳的思路相吻合。之後他就直接談到姜太公封齊地後的經濟政策,其說:

> 貧富之道,莫之奪予,而巧者有餘,拙者不足。故太公望封於營丘,地瀉鹵,人民寡,於是太公勸其女功,極技巧,通魚鹽,則人物歸之,繈至而輻湊。故齊冠帶衣履天下,海岱之間斂袂而往朝焉。[5]

此段以「貧富之道,莫之奪予,而巧者有餘,拙者不足」一句尤其重要,是後文的大前提,司馬遷的意思是機敏的人最後會富足有餘,反之則不然。接著又以太公望經營齊國的事跡加以補充,可見在司馬遷的眼中,姜子牙是憑著機敏使得齊國發達,即是說對於同一件史事,他以營商的方法運用在治國方略之上,他在〈齊太公世家〉又說:

> 太公至國,修政,因其俗,簡其禮,通商工之業,便魚鹽之利,而人民多歸齊,齊為大國。[6]

上面兩段引文,是司馬遷對於太公望致力利用齊國的地理環境的分析,他說當地既有魚鹽之利,政府又鼓勵女性從事手工業生產,大力

---

5 司馬遷:《史記》,頁3255。
6 同前註,頁1480。

發展經濟，姜子牙了解到只有經濟發達才能吸引人材，人材匯集，才可令齊國富強起來，最終成為大國。齊國在西周初年人口本來不多，且又屬於偏遠地區，發展比較落後，加上地理環境因素，不太適合發展當時主要的產業，即農業、畜牧業，故姜子牙到了封地後，並沒有把視野侷限於傳統的農業、虞業，而是物盡其用，地盡其力，而大力發展商業，這大概是與姜子牙曾經作過小商販的出身有一定的關係。

上述引文又指出太公望簡其禮，把行政、禮法等建制進行簡化，減低營商的經營成本，有利於社會發展，司馬遷指出這是導致齊國成為大國的重要因素，此是與司馬遷素來主張無為而治的黃老思想完全一致，政策對的干預愈少，社會愈益得以發展，上述文字是司馬遷的「善者因之」的經濟理論的演繹[7]，經濟思想史學者趙靖進一步指出：「（太史公）提出以放任為主的善因論，反對封建政府對社會經濟生活過多干預。」[8]而姜太公的政策正合乎司馬遷素來提倡的經濟理論，故當〈貨殖列傳〉提到齊國經濟史時，重點提及「因其俗，簡其禮」一點，是有其合理性。由此觀之，在司馬遷撰寫的過程，他又一次有意識地在敘述與他思想接近的史事，把他個人的想法滲透其中。

其實，在《史記》的歷史敘述中，我們不難發現司馬遷是對太公望的政策持有高度肯定的正面態度，此亦完全符合司馬遷素來主張先

7　《史記》〈貨殖列傳〉：「太史公曰：夫神農以前，吾不知已。至若詩書所述虞夏以來，耳目欲極聲色之好，口欲窮芻豢之味，身安逸樂，而心誇矜埶能之榮使。俗之漸民久矣，雖戶說以眇論，終不能化。故善者因之，其次利道之，其次教誨之，其次整齊之，最下者與之爭。」（頁3253）日本學者瀧川資言認為：「因，從自然也，利，順利之。利，非利益之利。道，讀為導。最下者與之爭，譏武帝興利。」見瀧川資言：《史記會注考證》（新校本），頁1354。

8　趙靖主編：《中國經濟思想通史》，修訂本（北京市：北京大學出版社，2002年），第1冊，頁603。

經濟，後理想的現實主義傾向。司馬遷通過陳述史事，以表達自己的價值觀以及對道德的看法，是典型的文學敘述的風格，雖然是建基在歷史之上，但仍有主觀的取捨和重點的傾斜，再一次引證〈貨殖列傳〉的文學特性。上述兩段引文，雖然內容大抵一致，而〈齊太公世家〉作為綜論性的篇章，自然比起專門討論社會經濟事務的〈貨殖列傳〉為簡略。一如其他章節，〈貨殖列傳〉研究，是不能單篇閱讀，而必須參考其他章節一併閱讀。

第二節　齊國中興書於〈貨殖列傳〉之分析

司馬遷記述太公望治理齊國的一段歷史後，接著說：

> 其後齊中衰，管子修之，設輕重九府，則桓公以霸，九合諸
> 侯，一匡天下；而管氏亦有三歸，位在陪臣，富於列國之君。
> 是以齊富彊至於威、宣也。[9]

在太史公筆下，使得齊國發達，成為大國的是商販出身的太公望，數百年後齊國中衰，令齊國重振雄風的人，又是商人出身的人物，即是名垂千古的管仲，故司馬遷有意識地把他們兩人一併出場，是為商人立傳的開場白。關於管仲的身分，司馬遷在《史記》〈管晏列傳〉中，轉引了一段據說是管仲的自白，其文云：

> 管仲曰：吾始困時，嘗與鮑叔賈，分財利多自與，鮑叔不以我
> 為貪，知我貧也。吾嘗為鮑叔謀事而更窮困，鮑叔不以我為

9　司馬遷：〈貨殖列傳〉，《史記》，頁3255。

愚，知時有利不利也。……生我者父母，知我者鮑子也。[10]

太史公在〈管晏列傳〉記述了管仲年輕時，曾經與好友鮑叔牙一起合作做生意的往事，可見其與姜子牙一樣，又是一商人出身的政治家，兼且在他執政時，又致力發展齊國的經濟，最使齊國稱霸於春秋，情況與太公望相當類似。對於管仲治齊國的經歷，司馬遷在〈齊太公世家〉又說：

> 桓公既得管仲，與鮑叔、隰朋、高傒修齊國政，連五家之兵，設輕重魚鹽之利，以贍貧窮，祿賢能，齊人皆說。[11]

〈管晏列傳〉對於管仲的成就更詳細地作了說明：

> 管仲既用，任政於齊，齊桓公以霸，九合諸侯，一匡天下，管仲之謀也。……管仲既任政相齊，以區區之齊在海濱，通貨積財，富國彊兵，與俗同好惡。……其為政也，善因禍而為福，轉敗而為功。貴輕重，慎權衡。……管仲富擬於公室，有三歸、反坫，齊人不以為侈。管仲卒，齊國遵其政，常彊於諸侯。……管仲既任政相齊，以區區之齊在海濱，通貨積財，富國彊兵，與俗同好惡。[12]

由此可見，管仲致力振興齊國經濟，又是利用了商業的路徑，使得商貨流通不絕，他又對齊國的財政制度進行改革，設立監管機構，推動

---

10 《史記》，頁2131。
11 《史記》，頁1487。
12 司馬遷：《史記》，頁2132。

經濟發展，不久就令國家興旺起來，奠下了春秋霸主的地位。司馬遷提出「善者因之」，並認為是最上之策，其次是「利導之」、「教誨之」、「整齊之」，反正就絕不可與民爭利，而管仲設監管機制，管理齊國的商業發展，最後是屬於「整齊之」一類，雖然不是最上「因之」之法，卻並未違反司馬遷心目中的經濟規律。[13]故此，他對管仲的評價仍然很高，此在〈貨殖列傳〉以及其他篇章中，常見司馬遷引述管子的話語，就已可見一斑。

西漢初年，國家明文規定商人子弟不得做官以及一系列打擊商人的政策，譬如不得乘車、穿名貴衣服[14]，而且更有倍於貴族、布衣的懲罰性稅務安排[15]，雖然在武帝時期已有改變，但社會對商人仍有一定的歧視。故司馬遷在〈貨殖列傳〉特別安排了世人敬重的太公望與管仲首先登場，表面上是與他在〈太史公自序〉說布衣匹夫之人有所矛盾，惟其目的明顯是為商人不得做政治家的偏見作出抗議，故在本章司馬遷又把齊國的成功與姜子牙與管仲的商人背景暗地裡結合起來，有意說明商業智慧也可有利於國家的發展。

司馬遷在〈貨殖列傳〉特意記錄了齊國數百年的發展史，而齊國更是在本章中唯一作了專門討論的春秋諸侯國，相反以農立國的秦國

---

13 宋敘五解釋為政府經濟政策的最善者，是順其自然，對人民的經濟生活不加干涉。其次是因勢利導。再次是用教育的方法說服人民，再次是用刑罰規限（他認為是法律）人民，最差的方法是與民爭利。詳見宋敘五：〈從司馬遷到班固──論中國經濟思想的轉折〉，「中國經濟思想史學會第十屆年會」論文（太原市：中國經濟思想史學會主辦，2002年9月20-23日），頁4。

14 《史記》〈平準書〉：「天下已平，高祖乃令賈人不得衣絲乘車，重租稅以困辱之。孝惠、高后時，為天下初定，復弛商賈之律，然市井之子孫亦不得仕宦為吏。量吏祿，度官用，以賦於民。」（頁1418）《漢書》〈高帝紀〉：「賈人毋得衣錦繡綺縠絺紵罽，操兵，乘騎馬。」（頁65）

15 《漢書》〈惠帝紀〉：「女子年十五以上至三十不嫁，五算。」顏師古引應劭曰：「漢律人出一算，算百二十錢，唯賈人與奴婢倍算。」（頁91）

等西方強國，卻未見其中，當中的原因可歸納為以下三點：

一、齊國在西周諸侯中國力最盛，且靠以商立國，有別於西方各
　　國，說明治理國家不一定依賴農業。

二、太公望、管仲都是商人出身，符合本章為有德之商人立傳，為
　　商人爭取合理歷史地位的宗旨。

三、太公望、管仲商人的背景，不礙於成為傑出的政治家，甚至有
　　利於治理國家。

雖然齊國是唯一專門從立國到管仲中興作了討論的國家，相比於班固
《漢書》〈貨殖傳〉，其內容大多抄襲自《史記》，但沒有把姜子牙到
管仲的一段歷史錄在其中，而只在〈地理志下〉中略有提及[16]，卻不
見於應當專門記載社會經濟史的〈平準書〉或〈貨殖傳〉之中，此足
可反映班、馬二人眼光之差距，實不可同日而語。在討論齊國發展史
後，司馬遷又介紹了政治家范蠡、經濟理論家計然與越國的興衰[17]，
一如太公望與管仲，他們也是把商業的理論運用在國家的發展，大力

---

16 《漢書》〈地理志〉：「古有分土，亡分民。太公以齊地負海舄鹵，少五穀而人民
　寡，乃勸以女工之業，通魚鹽之利，而人物輻湊。後十四世，桓公用管仲，設輕重
　以富國，合諸侯成伯功，身在陪臣而取三歸。故其俗彌侈，織作冰紈綺繡純麗之
　物，號為冠帶衣履天下。」（頁1660）

17 《史記》〈貨殖列傳〉：「昔者越王句踐困於會稽之上，乃用范蠡、計然。計然曰：
　『知鬥則修備，時用則知物，二者形則萬貨之情可得而觀已。故歲在金，穰；水，
　毀；木，饑；火，旱。旱則資舟，水則資車，物之理也。六歲穰，六歲旱，十二歲
　一大饑。夫糶，二十病農，九十病末。末病則財不出，農病則草不辟矣。上不過八
　十，下不減三十，則農末俱利，平糶齊物，關市不乏，治國之道也。積著之理，務
　完物，無息幣。以物相貿易，腐敗而食之貨勿留，無敢居貴。論其有餘不足，則知
　貴賤。貴上極則反賤，賤下極則反貴。貴出如糞土，賤取如珠玉。財幣欲其行如流
　水。』修之十年，國富，厚賂戰士，士赴矢石，如渴得飲，遂報彊吳，觀兵中國，
　稱號『五霸』。」（頁3256）

推動經濟的發展，終令越國成為一代霸主。范蠡稍後又以計然的理論做生意，並成為了富商巨賈，更三致千金，一次又一次牟取巨額的商業回報。[18]但是司馬遷提及吳國主要在於說明范蠡治生產的成功原因，此與上文專門討論齊國的發展有所不同。

第三節　漢初獨記於〈貨殖列傳〉的原因

觀乎整篇〈貨殖列傳〉，除了齊國的發展史外，並無專門討論春秋戰國的另一國家，此可能是因在先秦時期，齊國由始至終都是以商立國之故，而秦朝高度重農抑商，於商業而言，更沒什麼可寫。

筆鋒一轉，司馬遷就到了西漢初年的經濟發展作一番敘述。他說：

> 漢興，海內為一，開關梁，弛山澤之禁，是以富商大賈周流天
> 下，交易之物莫不通，得其所欲，而徙豪傑諸侯彊族於京師。[19]

司馬遷素來對於西漢初年的經濟發展評價相當高[20]，他不止一次指出當時富豪大賈一一應運而起，因而造就了許多商業奇才，又有些一人

---

18 《史記》〈貨殖列傳〉：「范蠡既雪會稽之恥，乃喟然而歎曰：『計然之策七，越用其五而得意。既已施於國，吾欲用之家。』乃乘扁舟浮於江湖，變名易姓，適齊為鴟夷子皮，之陶為朱公。朱公以為陶天下之中，諸侯四通，貨物所交易也。乃治產積居。與時逐而不責於人。故善治生者，能擇人而任時。十九年之中三致千金，再分散與貧交疏昆弟。此所謂富好行其德者也。後年衰老而聽子孫，子孫脩業而息之，遂至巨萬。故言富者皆稱陶朱公。」（頁3257）

19 司馬遷：〈平準書〉，《史記》，頁1417。

20 《史記》〈平準書〉：「漢興七十餘年之閒，國家無事，非遇水旱之災，民則人給家足，都鄙廩庾皆滿，而府庫餘貨財。京師之錢累巨萬，貫朽而不可校。太倉之粟陳陳相因，充溢露積於外，至腐敗不可食。眾庶街巷有馬，阡陌之閒成群，而乘字牝者儐而不得聚會。守閭閻者食粱肉，為吏者長子孫，居官者以為姓號。故人人自愛而重犯法，先行義而後絀恥辱焉。」（頁1420）

物也寫在本傳中。他把社會經濟發達的原因歸因於漢初政府「開關梁，弛山澤之禁」，此與上文提到姜太公到了齊國後「簡其禮」的做法大同小異，都是屬於「善者因之」的一套，即是採取自由放任政策的具體表現，司馬遷故意強調此點，是因此點與司馬遷強調清靜無為的黃老思想相吻合。[21]

道家思想一如現代新自由主義經濟學一般，也是強調干預愈少，市場活動就愈益發達，司馬遷在〈貨殖列傳〉中特別提到西漢初年的發展，而沒有把秦代以及漢武帝一朝寫在傳中，顯然是有意識地表揚漢初無為經濟政策，而武帝時期的新經濟政策，對當代商業影響最深，而司馬遷理應最為了解，卻沒有在本章作任何記錄，此大概是司馬遷選材時受到個人價值觀的影響，他對於不盡認同的政策，或以為不利於商業發展的國家、政策、時代等都避而不談。

總之，〈貨殖列傳〉避不而談的態度與〈平準書〉一般，司馬遷在〈平準書〉中，只以卜式所說「縣官當食租衣稅而已，今弘羊令吏坐市列肆，販物求利。亨（烹）弘羊，天乃雨」[22]為全文總結，偏偏對此後新經濟政策的推行避而不談，作無聲抗議一般，並借卜式之口講出心中所想，間接批評桑弘羊新政策的最大支持者，暗貶漢武帝，可見〈貨殖列傳〉在此方面的做法與〈平準書〉大抵相同，以暗諷的文學手法以表對朝政的不滿，而班固把重點轉至董仲舒的奏疏以記武帝時的社會狀況[23]，雖然班氏也有引用卜式之言，但比起司馬遷行文

---

21 楊芳華：《漢初黃老學說的經世觀及其實踐》，頁9。

22 《史記》，頁1442。

23 《漢書》〈食貨志〉：「是後，外事四夷，內興功利，役費並興，而民去本。董仲舒說上曰：『《春秋》它穀不書，至於麥禾不成則書之，以此見聖人於五穀最重麥與禾也。今關中俗不好種麥，是歲失《春秋》之所重，而損生民之具也。願陛下幸詔大司農，使關中民益種宿麥，令毋後時。』又言：『古者稅民不過什一，其求易共；使民不過三日，其力易足。民財內足以養老盡孝，外足以事上共稅，下足以畜妻子

之突出，遠有不及太史公之深刻。

　　總之，班、馬二人取材準則之差異，司馬遷是務實，但他的文字中時有反對政府干預經濟的既定立場，是針對漢武帝的新經濟政策而來，也說不上完全客觀，而班固站在儒生的角度評述，加上他身為官修史學的代表，不時脫離現實，將個人意志凌駕於客觀分析，以致敘述中處處見他站在統治者的角度，故他遠不及司馬遷自由寫作的精彩，由此足見二人之別。

極愛，故民說從上。至秦則不然，用商鞅之法，改帝王之制，除井田，民得賣買，富者田連阡陌，貧者無立錐之地。又顓川澤之利，管山林之饒，荒淫越制，逾侈以相高；邑有人君之尊，裡有公侯之富，小民安得不困？又加月為更卒，已，復為正，一歲屯戍，一歲力役，三十倍于古；田租口賦，鹽鐵之利，二十倍于古。或耕豪民之田，見稅什五。故貧民常衣牛馬之衣，而食犬彘之食。重以貪暴之吏，刑戮妄加，民愁亡聊，亡逃山林，轉為盜賊，赭衣半道，斷獄歲以千萬數。漢興，循而未改。古井田法雖難卒行，宜少近古，限民名田，以澹不足，塞並兼之路。鹽鐵皆歸於民。去奴婢，除專殺之威。薄賦斂，省繇役，以寬民力。然後可善治也。』仲舒死後，功費愈甚，天下虛耗，人復相食。」（頁1137）

第八章
司馬遷為商人立傳的尺度

引言

　　《史記》〈貨殖列傳〉內列舉的商人，除了齊太公、管仲兩位先從商，後從政的特殊人物外，詳細者說明其事跡者共有十八人，其中七人為屬於春秋戰國時期；另有九人屬於西漢時期，當中有一些是與司馬談父子同時代的人物。關於本傳的立意，司馬遷開宗明義地說：「請略道當世千里之中，賢人所以富者，令後世得以觀擇焉。」[1]由此可見，太史公是立意要把一些具才能富翁的事跡記下，加以表揚，讓後世得以參考，即是說此傳之人物在司馬遷眼中都是正面人物，傳內文字是傾向褒揚性質。

第一節　〈貨殖列傳〉商人背景分析

　　到底司馬遷選取人物時的尺度為何，如果我們得知他的立意，則可通過文本，更加了解司馬遷本人的思想以及他寫作的準則，這是本文要處理的基本問題，故不得不先把相關史料列出，並加以分析，現分類如下：

1　司馬遷：《史記》，頁3277。

春秋戰國時期的人物：

人　名	行　業	史　　　　料
范蠡	商業	范蠡既雪會稽之恥，乃喟然而歎曰：「計然之策七，越用其五而得意。既已施於國，吾欲用之家。」乃乘扁舟浮於江湖，變名易姓，適齊為鴟夷子皮，之陶為朱公。朱公以為陶天下之中，諸侯四通，貨物所交易也。乃治產積居。與時逐而不責於人。故善治生者，能擇人而任時。十九年之中三致千金，再分散與貧交疏昆弟。此所謂富好行其德者也。後年衰老而聽子孫，子孫脩業而息之，遂至巨萬。故言富者皆稱陶朱公。
子貢	商業	子贛既學於仲尼，退而仕於衛，廢著鬻財於曹、魯之間，七十子之徒，賜最為饒益。原憲不厭糟糠，匿於窮巷。子貢結駟連騎，束帛之幣以聘享諸侯，所至，國君無不分庭與之抗禮。夫使孔子名布揚於天下者，子貢先後之也。此所謂得埶而益彰者乎？
白圭	商業	白圭，周人也。當魏文侯時，李克務盡地力，而白圭樂觀時變，故人棄我取，人取我與。夫歲孰取穀，予之絲漆；繭出取帛絮，予之食。太陰在卯，穰；明歲衰惡。至午，旱；明歲美。至酉，穰；明歲衰惡。至子，大旱；明歲美，有水。至卯，積著率歲倍。欲長錢，取下穀；長石斗，取上種。能薄飲食，忍嗜欲，節衣服，與用事僮僕同苦樂，趨時若猛獸摯鳥之發。故曰：「吾治生產，猶伊尹、呂尚之謀，孫吳用兵，商鞅行法是也。是故其智不足與權變，勇不足以決斷，仁不能以取予，彊不能有所守，雖欲學吾術，終不告之矣。」蓋天下言治生祖白圭。白圭其有所試矣，能試有所長，非苟而已也。
猗頓	工業	猗頓用盬鹽起。
郭縱	工業	邯鄲郭縱以鐵冶成業，與王者埒富。

人　名	行　業	史　　　料
烏氏	畜牧	烏氏倮畜牧，及眾，斥賣，求奇繒物，間獻遺戎王。戎王什倍其償，與之畜，畜至用谷量馬牛。秦始皇帝令倮比封君，以時與列臣朝請。
巴寡婦清	礦業	巴寡婦清，其先得丹穴，而擅其利數世，家亦不訾。清，寡婦也，能守其業，用財自衛，不見侵犯。秦皇帝以為貞婦而客之，為築女懷清臺。夫倮鄙人牧長，清窮鄉寡婦，禮抗萬乘，名顯天下，豈非以富邪？

眾所周知，春秋戰國富人商才輩出，是基於當時人口急遽上升以及戰爭導致需求增加，加上各國多推行自由貿易，商業發達，從上述可見，這時期的商人多數從事礦業、鹽鐵業等生意，隨著春秋戰國社會經濟的發展，這些巨富已不是鳳毛麟角，而是大批大批地湧現。[2]學者楊寬指出，戰國時期商品經濟發達，出現了許多巨富，在市場上進行壟斷經營[3]，在放任主義下，成了與國君分庭抗禮的新勢力。西漢初年，天下一統，政府又開放關卡、山林、川澤[4]，故此商業仍然發達[5]，此時期具代表性的商人，則可見於下表：

2　傅築夫：《中國封建社會經濟史・第二卷》（北京市：人民出版社，1982年），頁402。

3　楊寬：《戰國史》（上海市：上海人民出版社，2003年），頁115。

4　宋敘五：《西漢的商人與商業》（香港：新亞教育文化公司，2010年），頁1。

5　《漢書》〈食貨志〉記晁錯所述文帝初年的情況：「當具有者半賈而賣，亡者取倍稱之息，於是有賣田宅鬻子孫以償責者矣。而商賈大者積貯倍息，小者坐列販賣，操其奇贏，日游都市，乘上之急，所賣必倍。故其男不耕耘，女不蠶織，衣必文采，食必（梁）〔粱〕肉；亡農夫之苦，有仟伯之得。因其富厚，交通王侯，力過吏勢，以利相傾；千里游敖，冠蓋相望，乘堅策肥，履絲曳縞。此商人所以兼并農人，農人所以流亡者也。」（頁1132）

人　名	行　業	簡　　　介
蜀卓氏	工業	蜀卓氏之先，趙人也，用鐵冶富。秦破趙，遷卓氏。卓氏見虜略，獨夫妻推輦，行詣遷處。諸遷虜少有餘財，爭與吏，求近處，處葭萌。唯卓氏曰：「此地狹薄。吾聞汶山之下，沃野，下有蹲鴟，至死不饑。民工於市，易賈。」乃求遠遷。致之臨邛，大喜，即鐵山鼓鑄，運籌策，傾滇蜀之民，富至僮千人。田池射獵之樂，擬於人君。
程鄭	工業	程鄭，山東遷虜也，亦冶鑄，賈椎髻之民，富埒卓氏，俱居臨邛。
宛孔氏	工業、商業	宛孔氏之先，梁人也，用鐵冶為業。秦伐魏，遷孔氏南陽。大鼓鑄，規陂池，連車騎，游諸侯，因通商賈之利，有游閑公子之賜與名。然其贏得過當，愈於纖嗇，家致富數千金，故南陽行賈盡法孔氏之雍容。
曹邴氏	工業、商業	魯人俗儉嗇，而曹邴氏尤甚，以鐵冶起，富至巨萬。然家自父兄子孫約，俯有拾，仰有取，貰貸行賈遍郡國。鄒、魯以其故多去文學而趨利者，以曹邴氏也。
刀間	商業	齊俗賤奴虜，而刀間獨愛貴之。桀黠奴，人之所患也，唯刀間收取，使之逐漁鹽商賈之利，或連車騎，交守相，然愈益任之。終得其力，起富數千萬。故曰「寧爵毋刀」，言其能使豪奴自饒而盡其力。
師史	商業	周人既纖，而師史尤甚，轉轂以百數，賈郡國，無所不至。洛陽街居在齊秦楚趙之中，貧人學事富家，相矜以久賈，數過邑不入門，設任此等，故師史能致七千萬。
宣曲任氏	商業	宣曲任氏之先，為督道倉吏。秦之敗也，豪傑皆爭取金玉，而任氏獨窖倉粟。楚漢相距滎陽也，民不

人　名	行　業	簡　　　　　介
		得耕種，米石至萬，而豪傑金玉盡歸任氏，任氏以此起富。富人爭奢侈，而任氏折節為儉，力田畜。田畜人爭取賤賈，任氏獨取貴善。富者數世。然任公家約，非田畜所出弗衣食，公事不畢則身不得飲酒食肉。以此為閭裏率，故富而主上重之。
橋姚	牧畜	塞之斥也，唯橋姚已致馬千匹，牛倍之，羊萬頭，粟以萬鍾計。
無鹽氏	子錢家	吳楚七國兵起時，長安中列侯封君行從軍旅，齎貸子錢，子錢家以為侯邑國在關東，關東成敗未決，莫肯與。唯無鹽氏出捐千金貸，其息什之。三月，吳楚平，一歲之中，則無鹽氏之息什倍，用此富埒關中。
關中諸田	不詳	關中富商大賈，大抵盡諸田，田嗇、田蘭。
其他	不詳	韋家栗氏，安陵、杜杜氏，亦巨萬。

　　西漢前期的巨富，仍然以工商虞業為主，更明顯是亦工亦商，自產自銷，使工業與商業緊緊結合在一起。[6]同時，又有了像漢景帝時期無鹽氏等人般，具有資本主義特色的借貸業的商人出現，說明了貨幣經濟的發達，足可見戰國至漢武帝前期社會經濟發達，導致商業人才輩出的社會現象，更重要是上述不過是業界的龍頭人物，至於中小富戶，實在多不勝數。

第二節　呂不韋不在傳內的原因

　　綜觀上述春秋戰國至西漢的商賈人物，我們不難發現，諸多風雲

6　傅築夫：《中國封建社會經濟史・第二卷》（北京市：人民出版社，1982年），頁404。

人物之中，獨不見名揚天下的呂不韋，也沒有洛陽賈人桑弘羊家族[7]，司馬遷在另一列傳中指出：「呂不韋者，陽翟大賈人也。往來販賤賣貴，家累千金。」[8]若論身家，桑弘羊家族的具體情況則不得而知，惟桑弘羊的情況不能說明什麼，因與他同時代的巨富卜式，也不在本傳之中。但是，呂氏的身家財產實不亞於上述富人，可是〈貨殖列傳〉偏偏對他隻字不提。雖然司馬遷在〈太史公自序〉中說〈貨殖列傳〉只記「布衣匹夫之人」，但事實上傳內也簡單介紹過曾經從商的姜太公[9]，而商販出身的管仲也一樣名列其中[10]，陶朱公又曾經是傑出的政治家，雖然日後以平民身分從商致富，但觀其一生，仍非一般的平民，上引文中漢代冶鐵業巨商孔氏，其代表人物孔僅也加入了武帝的統治集團，成為了當時得令的政界人物，他也不是布衣匹夫之人。由此觀之，司馬遷於本章並不把政治家排除於外。事實上，呂不韋確實以平民身分成為巨富，因在商業上取得成功，後來才有足夠的資本「釣奇」[11]，此正合乎司馬遷所說布衣匹夫之人而起家一點，惟呂氏獨不見於〈貨殖列傳〉之內，那一定有更深層的因由。

其實，司馬遷在〈太史公自序〉中，早已一針見血地強調賢者富人應當「不害於政，不妨百姓，取與以時而息財富，智者有采焉。」[12]

---

7 《史記》〈平準書〉：「弘羊，雒陽賈人子，以心計，年十三侍中。故三人言利事析秋豪矣。」（頁1428）

8 司馬遷：〈呂不韋列傳〉，《史記》，頁2505。

9 《史記》〈貨殖列傳〉：「貧富之道，莫之奪予，而巧者有餘，拙者不足。故太公望封於營丘，地瀉鹵，人民寡，於是太公勸其女功，極技巧，通魚鹽，則人物歸之，繦至而輻湊。故齊冠帶衣履天下，海岱之間斂袂而往朝焉。」（頁3255）

10 《史記》，頁3255。

11 《史記》〈呂不韋列傳〉：「呂不韋取邯鄲諸姬絕好善舞者與居，知有身。子楚從不韋飲，見而說之，因起為壽，請之。呂不韋怒，念業已破家為子楚，欲以釣奇，乃遂獻其姬。姬自匿有身，至大期時，生子政。子楚遂立姬為夫人。」（頁2508）

12 司馬遷：《史記》，頁3319。

正因如此，呂不韋就不在其中，這反映了在司馬遷眼裡，這些人雖然有智有謀，可是有害於國家政治，甚至是妨礙百姓之奸商，儘管他們都在商場取得成功，但不談仁義，不守禮節，故太史公不在本傳加以記載，而「布衣匹夫之人」只不過片面的說法而已。

簡言之，呂不韋沒出現在〈貨殖列傳〉可能有以下三個原因。

第一、有害於國家、社會，不行仁義。

第一、另有列傳專門記載，但非主因，因姜子牙於〈齊太公世家〉、管仲於〈管晏列傳〉也有。

第一、不是布衣匹夫之人，也非主因，因他是先富後貴，也是白手興家。

其實，在傳內亦有他人符合上述之二、三點，那人就是孔子的學生子貢，他既另有〈仲尼弟子列傳〉專門記載他的事跡[13]，但同時記於〈貨殖列傳〉之中，子貢比孔子少三十一年，而孔子歿於西元前四七九年，孔子說子貢「不受命而貨殖」，其時勾踐尚未復國，他經商的時間是略早於陶朱公范蠡[14]，如此說來，子貢是先成為出色的商人[15]，其後再從政，情況一如呂不韋，可見上述的第二點，並不構成不把呂不韋寫在本傳的根本原因。

簡而言之，春秋時期的子貢亦非「布衣匹夫之人」，他是傑出的政治家兼商人，他先後於衛、魯等國出仕[16]，他與呂不韋的情況大同小異，也是先從商後從政，此剛好與范蠡先政後商相反，基於同一律，若呂不韋因不是「布衣匹夫之人」而不入傳，那麼子貢也不應寫進〈貨殖列傳〉中。由此推之，呂不韋的名字不被司馬遷寫在本傳的

13　見《史記》，頁2195-2201。

14　《史記》〈仲尼弟子列傳〉：「賜不受命而貨殖焉，億則屢中。」（頁2185）

15　李埏等：《《史記‧貨殖列傳》研究》（昆明市：雲南大學出版社，2002年），頁16。

16　見《史記》〈貨殖列傳〉，頁3258。

主因，並非因他是政治家的身分，而主要是他不符合「不害於政，不妨百姓」一點。在〈呂不韋列傳〉中，雖然沒有直言批評，可是司馬遷不經意地把呂不韋投機取巧的性格完全暴露出來，並對呂氏的所作所為作了秉直的記述。清人吳見思在《史記論文》中說：「（太史公）寫呂不韋陰謀，始而賣國，終而賣禍，一篇權術狙詐，寫來如見。」[17]吳氏之言，正說出司馬遷對於呂不韋的隱含評價，他們同樣不齒呂氏的為人處事，《史記論文》之言與〈貨殖列傳〉對他隻字不提的立意，知之甚深。

第三節　論司馬遷的義利觀

事實上，司馬遷並非如班彪、班固（32-92）父子眼中看輕仁義而重貨殖的人。[18]《史記》〈列傳〉的第一篇，正是不重生死重仁義的伯夷、叔齊二位義人的列傳[19]，司馬遷在〈太史公自序〉說：「末世爭利，維彼奔義；讓國餓死，天下稱之。作伯夷列傳第一。」[20]可見他本人對仁義之仰仗，而〈列傳〉中最後一篇，則是講述道義商人事跡

17　〔清〕吳見思：《史記論文》（上海市：上海古籍出版社，2008年），頁52。

18　《後漢書》〈班彪列傳〉：「彪既才高而好述作，遂專心史籍之閒。武帝時，司馬遷著史記，自太初以後，闕而不錄，後好事者頗或綴集時事，然多鄙俗，不足以踵繼其書。彪乃繼採前史遺事，傍貫異聞，作後傳數十篇，因斟酌前史而譏正得失。其略論曰：……遷之所記，從漢元至武以絕，則其功也。至於採經摭傳，分散百家之事，甚多疎略，不如其本，務欲以多聞廣載為功，論議淺而不篤。其論術學，則崇黃老而薄五經；序貨殖，則輕仁義而羞貧窮；道游俠，則賤守節而貴俗功：此其大敝傷道，所以遇極刑之咎也。」（頁1324-1325）《漢書》〈司馬遷傳〉：「（遷）論大道則先黃老而後六經，序遊俠則退處士而進姦雄，述貨殖則崇勢利而羞賤貧，此其所蔽也。」（頁2738）

19　李長之：《司馬遷之人格與風格》（北京市：三聯書店，1984年），頁46。

20　司馬遷：《史記》，頁3312。

的〈貨殖列傳〉，全書首尾呼應，都是以仁義為歸宿，如此鋪排，均可見太史公絕非班固口中所說「述貨殖則崇勢利而羞賤貧」之人。再加上司馬遷在〈孟子荀卿列傳〉中記述孟子與齊宣王說「仁義而已，何必曰利」時，憶起了孔子「罕言利」的話語，以及對孔孟之言表示讚同[21]，認為仁義應該先於利益[22]，此再次說明班固之說實在無中生有，也反映司馬遷的敘述中不時表露他對道德的堅持。

　　若細心觀察，我們不難發現司馬遷在《史記》一書中，他不只一次直接或間接引用管子「倉廩實而知禮節，衣食足而知榮辱」[23]的名句，而他又在〈平準書〉直接指出：「眾庶街巷有馬，阡陌之間成群，而乘字牝者儐而不得聚會。守閭閻者食粱肉，為吏者長子孫，居官者以為姓號。故人人自愛而重犯法，先行義而後絀恥辱焉。」[24]此等材料，可充分反映司馬遷的價值觀傾向。

　　漢承秦制，在出土秦簡中已有不少贖刑、贖罪的材料出土[25]，而漢代保留此法，亦有以用錢有賣爵贖罪的慣例[26]，司馬遷在三十七歲之年，因李陵之禍而被告誣上入獄，然而他的家境並不富裕，又沒得到朋友的幫助[27]，據出土漢簡《二年律令》所見，漢初以來有贖死、贖腐等法例，贖死金二斤八，贖腐金一斤四兩[28]，《漢書》亦載：「(天

21　《史記》〈孟子荀卿列傳〉：「太史公曰：余讀孟子書，至梁惠王問『何以利吾國』，未嘗不廢書而嘆也。曰：嗟乎，利誠亂之始也！夫子罕言利者，常防其原也。故曰：『放於利而行，多怨。』自天子至於庶人，好利之弊何以異哉！」(頁2343)

22　《司馬遷思想研究》，頁486。

23　見〈管晏列傳〉、〈貨殖列傳〉，《史記》，頁2132、3255。

24　司馬遷：《史記》，頁1420。

25　朱紅林《張家山漢簡二年律令研究》(哈爾濱市：黑龍江人民出版社，2008年)，頁41-46。

26　宋敘五：《西漢貨幣史》(香港：中文大學出版社，2002年)，頁39。

27　李長之：《司馬遷之人格與風格》，頁119。

28　朱紅林：《張家山漢簡二年律令研究》，頁50。

漢四年）秋九月，令死罪入贖錢五十萬減死一等。」[29]當然，能否贖
罪的關鍵在於是否得到皇帝的恩准。司馬遷在獲罪後一年，漢武帝又
容許太史公贖死罪，只是因沒有足夠金錢贖腐而被迫遭受殘酷的宮
刑[30]，自此之後，司馬遷對金錢財富，別有一番感受。當他提及秦國
寡婦清之時，他也加上了自己的評論，其謂：「夫裸鄙人牧長，清窮
鄉寡婦，禮抗萬乘，名顯天下，豈非以富邪？」[31]他的意思是說富人
之所以能夠名揚天下，就能像子貢與寡婦清一樣可以跟國君分庭抗
禮[32]，這是因他們富裕的家財而提升其社會地位，而慘受腐刑而使其
自我形象低落的太史公，對分庭抗禮的富商產生無限的仰慕，是對自
身的經歷有感而發的慨嘆。司馬遷以別人的成功反托自己的不幸，他
一再引用管子的名句，反映了其主張先現實而後理想的現實主義。故
他在〈貨殖列傳〉開宗明義說：

> 若至家貧親老，妻子軟弱，歲時無以祭祀進醵。飲食被服不足
> 以自通，如此不慚恥，則無所比矣……無巖處奇士之行，而長
> 貧賤，好語仁義，亦足羞也。[33]

這個情況大抵是屬於司馬遷的自白一般，他不是如一些人口中般反對

---

29 班固：〈武帝紀〉，《漢書》，頁205。

30 《漢書》〈李廣蘇建傳〉：「初，上遣貳師大軍出，財令陵為助兵，及陵與單于相
值，而貳師功少。上以遷誣罔，欲沮貳師，為陵游說，下遷腐刑。」（頁2456）《漢
書》〈司馬遷傳〉記太史公述：「故禍莫憯於欲利，悲莫痛於傷心，行莫醜於
辱先，而詬莫大於宮刑。刑餘之人，無所比數，非一世也，所從來遠矣。昔衛靈公
與雍渠載，孔子適陳；商鞅因景監見，趙良寒心；同子參乘，袁絲變色：自古而恥
之。夫中材之人，事關於宦豎，莫不傷氣。況忼慨之士乎！」（頁2727）

31 司馬遷：〈貨殖列傳〉，《史記》，頁3260。

32 司馬遷：〈貨殖列傳〉，《史記》，頁3258。

33 司馬遷：〈貨殖列傳〉，《史記》，頁3272。

仁義，而是反對只說不做，空談理想之人而已，他更認為即使是崇高的理想，還是要靠金錢加以實現，故他在記述子貢的事跡時，不忘把孔子得以名留青史的原因歸功於孔門弟子中亦商亦政的子貢，他說：

> 夫使孔子名布揚於天下者，子貢先後之也。此所謂得埶而益彰者乎？[34]

此語恰恰反映他現實主義的傾向，他不把孔子視作不食人間煙火的聖人，而是客觀地承認名揚天下必須要有一定的經濟力量支持，如果沒有一定的資本，孔子也無法周遊列國弘揚他的學說，沒有家財萬貫的子貢，後人也未必能夠如此熟悉孔夫子的學說了。與司馬遷相反，班固的《漢書》〈貨殖傳〉，基本上是抄襲了司馬遷的文字，惟刪去了上引最重要的一句，反而特別提及到貧困不堪，但道德高尚的顏回，可見班固是不認同司馬遷現實主義的分析，而是站在道德的高地看待世事。[35]

第四節　結論

故此，司馬遷得出了一個重要的結論，就是「富者，人之情性，所不學而俱欲者也。」[36]他認為追求富裕是人之所欲，而以才智致富者，需加以表揚，但是必須要「皆非有爵邑奉祿弄法犯姦而富」[37]，這就是司馬遷撰作〈貨殖列傳〉的最重要的尺度。事實上，司馬遷說

---

34 司馬遷：〈貨殖列傳〉，《史記》，頁3258。
35 李埏等：《《史記・貨殖列傳》研究》（昆明市：雲南大學出版社，2002年），頁58。
36 司馬遷：〈貨殖列傳〉，《史記》，頁3271。
37 司馬遷：〈貨殖列傳〉，《史記》，頁3281。

這樣的人，數目之多，實在是「大者傾郡，中者傾縣，下者傾鄉里者，不可勝數。」[38]此反映當時社會經濟之發達，富人已經形成了一個為數不少的社會階層。故此，司馬遷只是選擇其中有代表性者，加以記錄，惟一些理應在本傳的人，卻因「犯奸而富」，而不獲記錄，那正是奇貨可居又有害於政，又被清人李景星評為千古第一奸商的呂不韋[39]！

總言之，〈貨殖列傳〉為商人立傳，從他的選材與敘事過程中可得知，其最重要的尺度仍在仁義，而非獨看功利一面矣。

---

38 同前註，頁3282。
39 〔清〕李景星：《史記評議》（上海市：上海古籍出版社，2008年），頁174。

第九章
終章

司馬遷之後再無司馬遷

　　孔子曰：「小子何莫學夫《詩》？《詩》可以興，可以觀，可以群，可以怨。」[1]批判主義精神是中國文學的優勢傳統，《史記》這部史學作品也盡體現這種文學的傳統，處處表演對時政的「怨」，故說它既是文學也是史學作品。

　　司馬遷繼承傳統，在他的作品中不時帶有諷刺的特質，他一再在〈貨殖列傳〉中，借記述史事表達對漢武帝新經濟政策的不滿，更通過他的史學與文學論述闡述他心目中理性的經濟模式，並對過往自由經濟模式表現出極度懷念。這方面，司馬遷說得上是承先啟後的歷史文學家，但後代的通史與斷代史中，多由官方統籌，又或者由官僚體系的重要人物主持，故難像司馬遷般，言論大膽開放，敢於批評當代國家政策，為史家樹立典範，堪稱一代良史，使人高山仰止。

第一節　自由主義的經濟思想

　　現代西方經濟學大概可分為兩大主流，一是自由主義學派，他們主張市場力量主導社會發展，國家應減少經濟干預行為，讓市場自主發展，而國家只需為商人提供良好的營商環境，當經濟不景氣時，他們主張通過減稅等措施來刺激消費，而非利用國家機器來干預經濟。

1　《論語》〈陽貨〉文，見《論語注疏》，頁156a。

另一派是凱恩斯學派，他們主張以政府行為帶動經濟發展，特別是通過增加公共開支來刺激經濟。兩個學派在戰後數十年來，主導了歐美日的經濟政策。另方面，馬克思主義者主張一切經濟活動最終都應在國家嚴密監管下進行，他們認為市場經濟造成的貧富懸殊是階級矛盾的根源，故應當消除。上述理論不是紙上談兵，當經濟學一旦落實到現實之中，那就不再是學術的討論，而是涉及國民福祉的實際問題，故此，為政者理應在制定經濟政策之時，不得不小心謹慎，須以民為先，非以既得利益者或在位者的喜好為依歸。

當代經濟學人，言必稱歐美，只因他們不知中國史上，絕不乏偉大的經濟思想學家及傳世著作。先秦至西漢年間，是中國經濟思想最發達、最旺盛的時代，當時學風開放，百家爭鳴，思想多元，造就了許多創見，而最令人驚嘆的莫過於「史家絕唱」的司馬遷。近百年前，因西力東漸，中國面臨二千年未有之變局，國勢日衰，我國不少學人欲以經濟救國，又有人試從古書上找出歷史根據，而梁啟超[2]、胡適認識到司馬遷經濟思想的重要性，指出他不少見解竟與近代經濟學人不謀而合。[3]近年，西方學術界也開始認為司馬遷的自由經濟思想[4]，有不少足以與古典經濟學之父亞當斯密（Adam Smith, 1723-1790）「無形之手」（invisible hand）相提並論，幾篇學術論文在西方極具份量的學術期刊發表後[5]，引起中外學人的激烈討論[6]，可見其啟

2　周美雅：《梁啟超經濟思想之研究》（高雄市：國立中山大學中山學術研究所碩士論文，2005年），頁67。

3　王明信、俞樟華：《司馬遷思想研究》（北京市：華文出版社，2006年），頁257。

4　《史記》〈貨殖列傳〉：「故善者因之，其次利道之，其次教誨之，其次整齊之，最下者與之爭。」（頁3253）

5　Leslie Young, "The TAO of Markets: SIMA QIAN and the Invisible Hand," *Pacific Economic Review* 1.2 (1996): 137-145.

6　Y. Stephen Chiu & Ryh-Song Yeh, "Adam Smith versus Sima Qian: Comment on the Tao of markets," *Pacific Economic Review* 4.1 (1999): 79-84.

發性之大，足以令二千多年後的今人獲益良多。[7]司馬遷站在老百姓的生計上考量，對國家的干預行為大肆批判，痛斥政府的政策令民不聊生，背離人民，認為政府應減少管制以及干預行為，也不應作沒有必要的管制，更不應與民爭利。太史公不時流露緬懷漢代初年無為而治的痕跡，並試圖借古來建構理想的經濟模式，又以此批評當代的經濟政策，顯示絕不妥協於建制的文人風骨。

相反，桑弘羊等人從國家財政的角度出發與凱恩斯不謀和合，力主干預行為有助增加收入，以支持軍事擴張，大興土木，以壯國勢，主張「大政府，小市場」。他以國家利益為最大考慮，堅持應先國家而後個人。其實，這類人在現代社會仍大有人在，他們以國家強大為榮，以盲目追求GDP為傲，更認為必要時可犧牲人民幸福以成全國家的繁榮，無視民為天下之本之理，背離人民，也忽視個體的重要性。司馬遷在《史記》〈平準書〉中借用了積極反對干預行為的官員代表卜式之言，以「亨（烹）弘羊，天乃雨」[8]為全文總結，可見在自由主義者眼中，不管干預政策為國家帶來多少財政收益也好，都是不義之舉，此導致天怒人怨，竟至於要殺之而後快。儘管司馬遷對桑弘羊等人口誅筆伐，但從《鹽鐵論》可見，大夫代表不時引用司馬遷的文字來支持發展經濟的合理性，可見《鹽鐵論》也是了解司馬遷經濟思想的重要記錄。其實，在司馬遷等自由主義者心目中，國家官員直接經營經濟活動，就是與民爭利，直接打壞了老百姓的飯碗，影響人民的生活，那就是極不合理，故必須要加以痛斥。雖然賢良文學不像司馬遷般鼓勵奢侈消費，也不是肯定追求利益的黃老信徒[9]，而是主張

---

7 Ken McCormic, "Sima Qian and Adam Smith," *Pacific Economic Review* 4.1 (1999): 85-87.

8 司馬遷：《史記》，頁1442。

9 巫寶三：《管子經濟思想研究》（北京市：中國社會科學出版社，1989年），頁150；

「躬親節儉，率以敦樸」（《鹽鐵論》〈救匱〉）否定奢靡生活的傳統儒生，但他們又深受漢初以來黃老思想的影響，認為國家官員一旦從事經濟活動，雖可增加政府收入，以有利國家的擴張，但此最終難免出現官員舞弊或以權謀私的情況，終令政策變質，官員的操控導致物價飛漲，把人民推向深淵。[10]即使像平準、均輸等良好願望的政策，在執行之時，官員往往會濫用權力以權謀私，終使良方變為惡法。[11]鹽鐵專賣的主事官員往往動用公權力，強逼人民以超出合理價格買賣，使得民不聊生。[12]

這些情況是身處廿一世紀的我們不會感到陌生，上世紀許多國家以不同的手法（或共產主義、或社會福利主義、或國家官僚主義），引證了在專制政權下，沒有足夠的制衡，由政府主導經濟所帶來種種負面影響的嚴重性。

第二節　比較視野下的司馬遷

司馬遷為商人立傳，開創了〈貨殖列傳〉的史學傳統，正史之中，多有〈貨殖傳〉，他為後世史家樹立了典範。然而，司馬遷與其他人不同，他滿足於以文字記錄史事，而是通過歷史的敘述去表達他的學術思想，並試圖建立經濟理論以解釋世事，更重要的是他視這些經濟思想為最恰當的管治原則，以此為標準，暗諷漢武帝的新經濟政策。

張固也：《管子研究》（濟南市：齊魯書社，2006年），頁251。《史記》〈貨殖列傳〉：「天下熙熙，皆為利來；天下攘攘，皆為利往。」又云：「夫千乘之王，萬家之侯，百室之君，尚猶患貧，而況匹夫編戶之民乎？」（頁3256）

10 《鹽鐵論校注》〈本議第一〉：「文學曰：行姦賣平，農民重苦，女工再稅，未見輸之均也。縣官猥發，闔門擅市，則萬物并收。萬物并收，則物騰躍。」（頁5）

11 宋敘五：《西漢的商人與商業》，頁158。

12 司馬遷：〈平準書〉，《史記》，頁1440。

　　司馬遷在〈貨殖列傳〉中開明的創見並非偶然，這與他身處的時代有莫大的關係，而這種因素在後來漫長的歷史中，幾乎不復持久地存在。要創作出這樣的歷史文學作品，並借它闡述幾乎與千多年後西方經濟學人相當的經濟思想，其背後的原因，絕非巧合。有學者推測經濟學之父亞當斯密曾到訪法國，或受法國漢學影響，接觸到中國的道家思想，而創出「無形之手」學說[13]，此說法純粹出於空想，沒有任何證據支持，故不必糾纏於此，反而把討論的重點回到司馬遷與亞當斯密的時代背景之上更為合理。

　　司馬遷的經濟思想，也不完全是他個人的創造，他總結了春秋戰國以來諸子的哲學思想。春秋以來，各國紛亂，諸國並立，不同政治集團的競爭，學術思想產生了現實上的作用，在供求定律下，百家爭鳴，此中情況與西方古典經濟學派興起的背景大同小異。十七、十八世紀的歐洲，也即是正當斯密生處的時代，亦是工業革命的前夕。其時歐洲舊有建制一一倒下出現了政治真空，諸國繼而爭霸，荷蘭、西班牙、葡萄牙、英國先後崛起，諸國為了在異軍中突起，又大力開拓殖民地，各政府對各家各派學說的需求殷切，而公共知識分子也樂於為國家出謀獻策，加上大學制度的保障，知識分子的社會地位大大提升，為這個思想史上的黃金時代奠定了堅實的基礎。亞當斯密正是吸收了晚期重商主義（mercantilism）豐富的養分，開創了古典經濟學派（classical economics），成就了一個新的時代。這個時代，歐洲商業的發達、市場的擴大、人口的增長與春秋戰國以來的中國出奇地相似，據葛劍雄估計，春秋時中國人口約一千萬左右[14]，到了秦代已達

---

13 Leslie Young, "The TAO of Markets: SIMA QIAN and the Invisible Hand," *Pacific Economic Review* 1.2 (1996): 137-145.

14 葛劍雄：《中國人口史・第一卷》（上海市：復旦大學出版社，2002年），頁291。

四千萬,比現代國家規模有過之而無不及。[15]按照常識,戰亂會使人口下跌,但先秦中國與十七、十八世紀歐洲的經驗卻推翻了這個印象。戰後人口激增,尤其是高度的城市化,使商業活動進入一個新里程。

春秋以來,新興諸侯的數目遠比近代歐洲新興國家為多,而當時中土各國權力並不如後世的中央集權,以致政府無暇也無力大舉干預商業活動,新自由主義經濟學家一般認為干預行為往往對經濟發展造成不利影響,尤其是在萌芽階段,專制政權的干預行為往往出於個人的喜好與集團的利益。海耶克更指干預主義最終使國家走向獨裁的奴役之路。在春秋戰國在環境下,經濟發達,連同經濟思想也百花齊放。到了西漢初年,政府保持了克制,奉行類近自由主義的經濟政策,休養生息,也沒有一元的意識形態左右知識分子的思想,此等因素為司馬遷總結數百年來經濟史與經濟思想奠下了良好的基礎。這樣的歷史環境,是後世史家及知識分子所缺乏,因自從漢武帝以後,政府的力量益發壯大,獨尊儒學,更迫使學術思想單一化,政府不遺餘力地打壓學術自由,以行政力量干預學術。如此,司馬遷以後,在歷代政府高舉重農抑商的環境下,再沒有如此具份量的史學家,能夠在經濟史寫作方法作出突破,以及提倡與官方截然不同又足以傳世的學術主張。所以說除了司馬遷,中國再沒有第二位司馬遷了。反而,像班固那樣的喜歡為當權者說話的史學家,則後繼有人,歷代史家在〈貨殖傳〉中的態度大多抱有重農抑商的傾向,此是因國策需要,為政府講話,成為宣傳「主旋律」的工具,如此一來,他們就欠缺公共知識分子應有的「獨立之精神,自由之思想」,反而在二千年前的司馬遷卻能窮一生精力,捍衛多元的學術思想,對單一化的思想作反撲,足見其難能可貴之處。

---

15 葛劍雄:《葛劍雄自選集》(桂林市:廣西師範大學出版社,1999年),頁23-24。

正文部份參考文獻

傳統文獻

〔晉〕杜　預注，〔唐〕陸德明音義，〔唐〕孔穎達疏　《春秋左傳注疏》　影印清嘉慶二十年（1815）南昌府學重刊宋本　臺北市　藝文印書館　1965年

〔魏〕何　晏集解，〔宋〕邢　昺疏　《論語注疏》　影印清嘉慶二十年（1815）南昌府學重刊宋本　臺北市　藝文印書館　1965年

〔宋〕洪興祖撰，白化文等點校　《楚辭補注》　北京市　中華書局　1983年

李滌生　《荀子集釋》　臺北市　臺灣學生書局　1979年

賀凌虛註譯　《商君書今註今譯》　臺北市　臺灣商務印書館　1988年

李　勉註譯　《管子今註今譯》　臺北市　臺灣商務印書館　1990年

〔戰國〕呂不韋著，陳奇猷校注　《呂氏春秋新校釋》　上海市　上海古籍出版社　2002年

吳則虞編著　《晏子春秋集釋》　北京市　中華書局　1962年

〔漢〕劉　向集錄　《戰國策》　上海市　上海古籍出版社　1978年

于智榮譯注　《賈誼新書譯注》　哈爾濱市　黑龍江人民出版社　2003年

〔漢〕司馬遷撰，〔南朝宋〕裴駰集解，〔唐〕司馬貞索隱，〔唐〕張守節正義　《史記》　臺北市　鼎文書局　1981年

〔漢〕劉　安等著，許匡一譯注　《淮南子全譯》　貴陽市　貴州人
　　　民出版社　1993年

〔日〕瀧川資言　《史記會注考證》（新校本）　臺北市　天工書局
　　　1993年

〔漢〕班　固撰，〔唐〕顏師古注　《漢書》　臺北市　鼎文書局
　　　1979年

王利器校注　《鹽鐵論校注》　北京市　中華書局　1992年

〔漢〕荀　悅、〔晉〕袁　宏著，張　烈點校　《兩漢紀》　北京市
　　　中華書局　2002年

〔南朝宋〕范　曄　《後漢書》　臺北市　鼎文書局　1981年

《文子》　「中國哲學書電子化計畫」電子版

《尹文子》　「中國古典精華文庫」電子版

〔清〕西周生　《醒世姻緣》　臺北市　聯經出版事業公司　1986年

出土文獻

馬王堆漢墓帛書整理小組編　《馬王堆漢墓帛書·戰國縱橫家書》
　　　北京市　文物出版社　1976年

睡虎地秦墓竹簡整理小組編　《睡虎地秦墓竹簡》　北京市　文物出
　　　版社　1978年

朱紅林　《張家山漢簡二年律令集釋》　北京市　社會科學文獻出版
　　　社　2005年

現代專著

王明信、俞樟華　《司馬遷思想研究》　北京市　華文出版社　2005年

巫寶三　《管子經濟思想研究》　北京市　中國社會科學出版社　1989年

尹伯成主編　《西方經濟學說史》　上海市　復旦大學出版社　2005年

白　鷺　《貨殖列傳經濟學》　臺北市　海鴿文化出版圖書公司　2009年

余英時　《士與中國文化》　上海市　上海人民出版社　2003年

余英時　《史學與傳統》　臺北市　時報文化出版事業公司　1982年

李　埏等　《《史記‧貨殖列傳》研究》　昆明市　雲南大學出版社　2002年

李　零　《簡帛古書與學術源流》（修訂本）　北京市　三聯書店　2008年

李長之　《司馬遷之人格與風格》　北京市　三聯書店　1984年

林劍鳴　《秦漢史》　上海市　上海人民出版社　2003年

宋敘五　《西漢的商人與商業》　香港　新亞教育文化公司　2010年

宋敘五　《西漢貨幣史》　香港　中文大學出版社　2002年

呂思勉　《秦漢史》　上海市　上海古籍出版社　1983年

何炳棣　《有關《孫子》《老子》的三篇考證》　臺北市　中央研究院近代史研究所　2002年

周俊敏　《管子經濟倫理思想研究》　長沙市　岳麓書社　2003年

張固也　《管子研究》　濟南市　齊魯書社　2006年

張玉春　《史記版本研究》　北京市　商務印書館　2001年

吳榮曾　《先秦兩漢史研究》　北京市　中華書局　1995年

胡寄窗　《中國經濟思想史》　上海市　上海財經大學出版社　1998年

許倬雲　《漢代農業》　桂林市　廣西師範大學出版社　2005年

陳其泰、趙永春　《班固評傳》　南京市　南京大學出版社　2002年

陳鼓應　《管子四篇詮釋：稷下道家代表作解析》　北京市　商務印書館　2006年

黃仁宇　《資本主義與廿一世紀》　臺北市　聯經出版事業公司
　　　　1991年

黃仁宇　《中國大歷史》　臺北市　聯經出版事業公司　1993年

黃仁宇　《大歷史不會萎縮》　臺北市　聯經出版事業公司　2004年

葉世昌　《中國經濟史學論集》　北京市　商務印書館　2008年

葉世昌　《古代中國經濟思想史》　上海市　復旦大學出版社　2003年

劉笑敢　《老子古今》　北京市　中國社會科學出版社　2006年

趙　靖主編　《中國經濟思想通史》（修訂本）　北京市　北京大學
　　　　出版社　2002年

楊　寬　《戰國史》　上海市　上海人民出版社　2003年

傅築夫　《中國封建社會經濟史‧第二卷》　北京市　人民出版社
　　　　1982年

錢　穆　《國史大綱》　北京市　商務印書館　1996年

曾　加　《張家山漢簡法律思想研究》　北京市　商務印書館　2008年

學術論文

全漢昇　〈中古自然經濟〉　收於《中國經濟史研究》　臺北市　稻
　　　　禾出版社　1991年

宋敘五　〈從司馬遷到班固——論中國經濟思想的轉折〉　「中國經
　　　　濟思想史學會第十屆年會」論文　太原市　中國經濟思想史
　　　　學會主辦　2002年9月20-23日

李風亮　〈文學敘事與歷史敘事比較的理論基點〉　《華中師範大學
　　　　學報》　第43卷第4期　2004年

高　敏　〈秦漢時期的官私手工業〉　收於《秦漢史探討》　鄭州市
　　　　中州古籍出版社　1998年

高　敏　〈論漢文帝〉　收於《秦漢魏晉南北朝史論考》　北京市
　　　　中國社會科學出版社　2004年

高　敏　〈從《張家山漢簡二年律令》看西漢前期土地制度〉　收於
　　　　《秦漢魏晉南北朝史論考》　北京市　中國社會科學出版社
　　　　2004年

高　敏　〈關於漢代有「戶賦」、「質錢」及各種礦產稅的新證〉　收
　　　　於《秦漢魏晉南北朝史論考》　北京市　中國社會科學出版
　　　　社　2004年

張文華　〈近十年來史記貨殖列傳研究綜述〉　《淮陰師範學院學
　　　　報》（哲學社會科學版）　第27卷第4期　2005年

許倬雲　〈春秋戰國的社會變動〉　收於《求古編》　臺北市　聯經
　　　　出版事業公司　1982年

程秀美　〈蒲松齡與司馬遷的商業思想比較研究〉　《蒲松齡研究》
　　　　2002年第1期

黃春興　〈梁啟超對抗帝國主義策略的轉變〉　新竹市　國立清華大
　　　　學經濟系working paper　1997年

趙善軒　〈兩漢俸祿考〉　《江西師範大學學報》（哲學社會科學
　　　　版）　第43卷第1期　2010年

趙善軒　〈兩漢俸祿制度與中古自然經濟〉　《新亞論叢》　第11期
　　　　2010年

趙善軒　〈重評「大明寶鈔」〉　收於《經濟與政治之間：中國經濟
　　　　史專題研究》　廈門市　廈門大學出版社　2010年

裘錫圭　〈湖北江陵鳳凰山十號漢墓出土簡牘考釋〉　《文物》
　　　　1974年第7期

寧　可　〈有關漢代農業生產的幾個數字〉　《北京師範學院學報》
　　　　1980年第3期

臧知非　〈張家山漢簡所見西漢礦業稅收制度試析〉　收於《張家山漢簡二年律令研究文集》　桂林市　廣西師範大學出版社　2007年

嚴清華、何　芳　〈斯密的「兩個人」假設與司馬遷的「兩者」描述〉　「中國經濟思想史學會第十二屆年會」論文　貴陽市　中國經濟思想史學會主辦　2006年9月28-30日

外文著作

〔日〕林田慎之助　《富豪への王道：史記・貨殖列伝を読み解》　東京都　講談社　2007年

Young, Leslie. "The TAO of Markets: SIMA QIAN and the Invisible Hand." *Pacific Economic Review* 1.2 （1996）: 137-145.

Chiu, Y. Stephen & Yeh, Ryh-Song. "Adam Smith versus Sima Qian: Comment on the Tao of markets." *Pacific Economic Review* 4.1 （1999）: 79-84.

McCormic, Ken. "Sima Qian and Adam Smith." *Pacific Economic Review* 4.1 （1999）: 85-87.

彭小萍　《儒家是否真的反消費？》（*Is Confucianism Anti-consumption?*）　中壢市　國立中央大學產業經濟研究所博士論文　2007年

外文譯著

崔瑞德、魯惟一編　《劍橋中國秦漢史》　北京市　中國社會科學出版社　1992年

E. E. 里奇、C. H. 威爾遜編　《劍橋歐洲經濟史・第五卷》　北京市　
　　經濟科學出版社　2002年

〔日〕藤田勝久著，曹　峰、〔日〕廣瀨薰雄譯　《史記戰國史料研
　　究》　上海市　上海古籍出版社　2008年

〔英〕加文・肯尼迪著，蘇　軍譯　《亞當・斯密》　北京市　華夏
　　出版社　2009年

學位論文

王同斌　《歷史與虛構——歷史敘事與文學敘事比較》　西安市　西
　　北大學文藝學專業碩士論文　2009年

邱　曉　《歷史敘事的文學維度——海登・懷特歷史敘事理論研究》
　　西安市　西北大學文藝學專業碩士論文　2008年

陳佩君　《先秦道家的心術與主術——以《老子》、《莊子》、《管子》
　　四篇為核心》　臺北市　國立臺灣大學哲學研究所博士論文
　　2008年

楊芳華　《漢初黃老學說的經世觀及其實踐》　高雄市　國立中山大
　　學中國文學系研究所碩士論文　2006年

蔡博文　《解構一隻看不見的手話語：對經濟學方法論的反思》　高
　　雄市　國立中山大學中山學術研究所博士論文　2005年

附錄
《史記》〈貨殖列傳〉

貨殖列傳第六十九

【索隱】論語云：「賜不受命而貨殖焉。」廣雅云：「殖，立也。」孔安國注尚書云：「殖，生也。生資貨財利。」

老子曰：「至治之極，鄰國相望，【正義】音亡。雞狗之聲相聞，民各甘其食，美其服，安其俗，樂其業，至老死不相往來。」必用此為務，輓近世塗民耳目，【索隱】輓音晚，古字通用。則幾無行矣。

太史公曰：夫神農以前，吾不知已。至若詩書所述虞夏以來，耳目欲極聲色之好，口欲窮芻豢之味，身安逸樂，而心誇矜埶能之榮使。俗之漸民久矣，雖戶說以眇論，【索隱】上音妙，下如字。終不能化。故善者因之，其次利道之，其次教誨之，其次整齊之，最下者與之爭。

夫山西饒材、竹、穀、纑、【集解】徐廣曰：「紵屬，可以為布。」【索隱】上音谷，又音雛。穀，木名，皮可為紙。纑，山中紵，可以為布，音盧。紵音佇，今山閒野紵，亦作「苧」。旄、玉石；山東多魚、鹽、漆、絲、聲色；江

南出枏、梓、【索隱】南子二音。薑、桂、金、錫、連、【集解】徐廣曰：「音蓮，鉛之未鍊者。」【索隱】下音蓮。丹沙、犀、瑇瑁、珠璣、齒革；龍門、碣石【正義】龍門山在絳州龍門縣。碣石山在平州盧龍縣。北多馬、牛、羊、旃裘、筋角；銅、鐵則千里往往山出棊置；【索隱】言如置棊子，往往有之。【正義】言出銅鐵之山方千里，如圍棊之置也。管子云：「凡天下名山五千二百七十，出銅之山四百六十七，出鐵之山三千六百有九。山上有赭，其下此其大較【索隱】音角。大較猶大略也。也。皆中國人民所喜好，謠俗被服飲食奉生送死之具也。故待農而食之，虞而出之，工而成之，商而通之。此寧有政教發徵期會哉？人各任其能，竭其力，以得所欲。故物賤之徵貴，【索隱】徵者，求也。謂此處物賤，求彼貴賣之。貴之徵賤，各勸其業，樂其事，若水之趨下，日夜無休時，不召而自來，不求而民出之。豈非道之所符，【索隱】道之符。符謂合於道也。而自然之驗邪？

周書曰：「農不出則乏其食，工不出則乏其事，商不出則三寶絕，虞不出則財匱少。」財匱少而山澤不辟【索隱】下音闢。辟，開也，通也。矣。此四者，民所衣食之原也。原大則饒，原小則鮮。上則富國，下則富家。貧富之道，莫之奪予，【索隱】音與。言貧富自由，無予奪。而巧者有餘，拙者不足。故太公望封於營丘，地潟鹵，【集解】徐廣曰：「潟音昔。潟鹵，鹹地也。」人民寡，於是太公勸其女功，極技巧，通魚鹽，則人物歸之，繦至而輻湊。故齊冠帶衣履天下，海岱之閒斂袂而往朝焉。【索隱】言齊既富饒，能冠帶天下，豐厚被於他邦，故海岱之閒斂+而朝齊，言趨利者也。其後齊中衰，管子修之，設輕重九府，【正義】管子云「輕重」謂錢也。夫治民有輕重之法，周有大府、玉府、內府、外府、泉府、天府、職內、職金、職幣，皆掌財幣之官，故云九府也。則桓公以霸，九合諸侯，一匡天下；而管氏

亦有三歸，位在陪臣，富於列國之君。是以齊富彊至於威、宣也。

故曰：「倉廩實而知禮節，衣食足而知榮辱。」禮生於有而廢於無。故君子富，好行其德；小人富，以適其力。淵深而魚生之，山深而獸往之，人富而仁義附焉。富者得執益彰，失執則客無所之，以而不樂。夷狄益甚。諺曰：「千金之子，不死於市。」此非空言也。故曰：「天下熙熙，皆為利來；天下壤壤，皆為利往。」夫千乘之王，萬家之侯，百室之君，尚猶患貧，而況匹夫編戶之民乎！

昔者越王句踐困於會稽之上，乃用范蠡、計然。【集解】徐廣曰：「計然者，范蠡之師也，名研，故諺曰『研、桑心筭』。」駰案：范子曰「計然者，葵丘濮上人，姓辛氏，字文子，其先晉國亡公子也。嘗南游於越，范蠡師事之。」【索隱】計然，韋昭云范蠡師也。蔡謨云蠡所著書名「計然」，蓋非也。徐廣亦以為范蠡之師，名研，所謂「研、桑心計」也。范子曰「計然者，葵丘濮上人，姓辛氏，字文，其先晉之公子。南游越，范蠡事之」。吳越春秋謂之「計倪」。漢書古今人表計然列在第四，則「倪」之與「研」是一人，聲相近而相亂耳。計然曰：「知鬬則修備，時用則知物，【索隱】時用知物。案：言知時所用之物。二者形則萬貨之情可得而觀已。故歲在金，穰；水，毀；木，饑；火，旱。【索隱】五行不說土者，土，穰也。旱則資舟，水則資車，【索隱】國語大夫種曰「賈人旱資舟，水資車以待」也。物之理也。六歲穰，六歲旱，十二歲一大饑。夫糴，二十病農，九十病末。【索隱】言米賤則農夫病也。若米斗直九十，則商賈病，故云「病末」。末謂逐末，即商賈也。末病則財不出，農病則草不辟矣。上不過八十，下不減三十，則農末俱利，平糴齊物，關市不乏，治國之道也。積著【索隱】音張呂反。之理，務完物，無息幣。【索隱】毋息弊。久停息貨物則無利。以物相貿易，腐敗而食之貨勿留，無敢居貴。

論其有餘不足，則知貴賤。貴上極則反賤，賤下極則反貴。貴出如糞土，賤取如珠玉。【索隱】夫物極貴必賤，極賤必貴。貴出如糞土者，既極貴後，恐其必賤，故乘時出之如糞土。賤取如珠玉者，既極賤後，恐其必貴，故乘時取之如珠玉。此所以為貨殖也。元注恐錯。財幣欲其行如流水。」修之十年，國富，厚賂戰士，士赴矢石，如渴得飲，遂報彊吳，觀兵中國，稱號「五霸」。

范蠡既雪會稽之恥，乃喟然而歎曰：「計然之策七，越用其五而得意。既已施於國，吾欲用之家。」乃乘扁舟【集解】漢書音義曰：「特舟也。」【索隱】扁音篇，又音符殄反。服虔云：「特舟也。」浮於江湖，【正義】國語云句踐滅吳，反至五湖，范蠡辭國語云：「范蠡乘輕舟。」於王曰：「君王勉之，臣不復入國矣。」遂乘輕舟，以浮於五湖，變名易姓，適齊為鴟夷子皮，【索隱】大顏曰：「若盛酒者鴟夷莫知其所終極。也，用之則多所容納，不用則可卷而懷之，不忮於物也。」案：韓子云「鴟夷子皮事田成子，成子去齊之燕，子皮乃從之」也。蓋范蠡也。之陶【索隱】服虔云：「今定陶也。」【正義】括地志云：「即陶山，在齊州平（陽）〔陵〕縣東三十五里陶山之陽。今南五里猶有朱公冢。」又云：「曹州濟陽縣東南三里有陶朱公冢，又云在南郡華容縣西，未詳也。」為朱公。朱公以為陶天下之中，諸侯四通，貨物所交易也。乃治產積居。與時逐【集解】漢書音義曰：「逐時而居貨。」【索隱】韋昭云：「隨時逐利也。」而不責於人。【索隱】案：謂擇人而與人不負之，故云不責於人也。故善治生者，能擇人而任時。十九年之中三致千金，再分散與貧交疏昆弟。此所謂富好行其德者也。後年衰老而聽子孫，子孫脩業而息之，遂至巨萬。【集解】徐廣曰：「萬萬也。」故言富者皆稱陶朱公。

子贛既學於仲尼，退而仕於衛，廢著【集解】徐廣曰：「子贛傳云『廢居』。著猶居也。著讀音如貯。」【索隱】著音貯。漢書亦作「貯」，貯猶居也。說文云：「貯，積也。」鬻財於曹、魯之閒，七十子之徒，賜最為饒益。原憲不厭糟穅，【索隱】饜，飽也。匿於窮巷。子貢結駟連騎，束帛之幣以

聘享諸侯，所至，國君無不分庭與之抗禮。夫使孔子名布揚於天下者，子貢先後之也。此所謂得埶而益彰者乎？

白圭，周人也。當魏文侯時，李克【索隱】案：漢書食貨志李悝為魏文侯作盡地力之教，國以富強。今此及漢書言「克」，皆誤也。劉向別錄則云「李悝」也。務盡地力，而白圭樂觀時變，故人弃我取，人取我與。夫歲孰取穀，予之絲漆；繭出取帛絮，予之食。【索隱】謂穀。太陰在卯，穰；【正義】太陰，歲後二辰為太陰。明歲衰惡。至午，旱；明歲美。至酉，穰；明歲衰惡。至子，大旱；明歲美，有水。至卯，積著率【正義】貯律二音。歲倍。欲長錢，取下穀；長石斗，取上種。能薄飲食，忍嗜欲，節衣服，與用事僮僕同苦樂，趨時若猛獸摯鳥之發。故曰：「吾治生產，猶伊尹、呂尚之謀，孫吳用兵，商鞅行法是也。是故其智不足與權變，勇不足以決斷，仁不能以取予，彊不能有所守，雖欲學吾術，終不告之矣。」蓋天下言治生祖白圭。白圭其有所試矣，能試有所長，非苟而已也。

猗頓用鹽鹽起。【集解】孔叢子曰：「猗頓，魯之窮士也。耕則常飢，桑則常寒。聞朱公富，往而問術焉。朱公告之曰：『子欲速富，當畜五牸。』於是乃適西河，大畜牛羊于猗氏之南，十年之閒其息不可計，貲擬王公，馳名天下。以興富於猗氏，故曰猗頓。【索隱】鹽音古。案：周禮鹽人云「共苦鹽」，杜子春以為苦讀如鹽。鹽謂出鹽直用不煉也。一說云鹽鹽，河東大鹽；散鹽，東海煮水為鹽也。【正義】案：猗氏，蒲州縣也。河東鹽池是畦鹽。作「畦」，若種韭一畦。天雨下，池中鹹淡得均，即畎池中水上畔中，深一尺許（坑）〔坑〕，日暴之五六日則成，鹽若白礬石，大小如雙陸及（暮）〔棊〕，則呼為畦鹽。或有花鹽，緣黃河鹽池有八九所，而鹽州有烏池，猶出三色鹽，有井鹽、畦鹽、花鹽。其池中鑿井深一二尺，去泥即到鹽，掘取若至一丈，則著平石無鹽矣。其色或白或青黑，名曰井鹽。畦鹽若河東者。花鹽，池中雨下，隨而大小成鹽，其下方微空，

上頭隨雨下池中，其滴高起若塔子形處曰花鹽，亦曰即成鹽焉。池中心有泉井，水淡，所作池人馬盡汲此井。其鹽四分入官，一分入百姓也。池中又鑿得鹽塊，闊一尺餘，高二尺，白色光明洞徹，年貢之也。而邯鄲郭縱以鐵冶成業，與王者埒富。

烏氏倮【集解】韋昭曰：「烏氏，縣名，屬安定。倮，名也。」【索隱】漢書作「贏」。案：烏氏，縣名。氏音支。名倮，音踝也。【正義】縣，古城在涇州安定縣東四十里。倮，名也。畜牧，及眾，【索隱】謂畜牧及至眾多之時。斥賣，求奇繒物，【索隱】謂斥物賣之以求奇物也。閒獻遺戎王。【集解】徐廣曰：「閒，一作『奸』。不以公正謂之奸也。」【索隱】案：閒獻猶私獻也。戎王什倍其償，與之畜，【索隱】什倍其當，予之畜。謂戎王償之牛羊十倍也。「當」字漢書作「償」也。畜至用谷量馬牛。【集解】韋昭曰：「滿谷則具不復數。」【索隱】谷音欲。秦始皇帝令倮比封君，以時與列臣朝請。而巴（蜀）寡婦清，【索隱】漢書「巴寡婦清」。巴，寡婦之邑；清，其名也。其先得丹穴，【集解】徐廣曰：「涪陵出丹。」【正義】括地志云：「寡婦清臺山俗名貞女山，在涪州永安縣東北七十里也。」而擅其利數世，家亦不訾。【索隱】案：謂其多，不可訾量。【正義】音子兒反。言資財多，不可訾量。一云清多以財餉遺四方，用衛其業，故財亦不多積聚。清，寡婦也，能守其業，用財自衛，不見侵犯。秦皇帝以為貞婦而客之，為築女懷清臺。夫倮鄙人牧長，清窮鄉寡婦，禮抗萬乘，名顯天下，豈非以富邪？

漢興，海內為一，開關梁，弛山澤之禁，是以富商大賈周流天下，交易之物莫不通，得其所欲，而徙豪傑諸侯彊族於京師。

關中自汧、雍以東至河、華，膏壤沃野千里，自虞夏之貢以為上田，而公劉適邠，大王、王季在岐，文王作豐，武王治鎬，故其民猶有先王之遺風，好稼穡，殖五穀，地重，【索隱】言重耕稼也。重為邪。【索隱】重音逐隴反。

重者，難也。畏（言）〔罪〕不敢為姦邪。【正義】重並逐拱反。言關中地重厚，民亦重難不為邪惡。及秦文、（孝）〔德〕、繆居雍，隙【集解】徐廣曰：「隙者，閒孔也。地居隴蜀之閒要路，故曰隙。」【索隱】徐氏云隙，閒孔也。隙者，隴雍之閒閑隙之地，故云「雍隙」也。【正義】雍，縣。岐州雍縣也。隴蜀之貨物而多賈。【索隱】音古。獻（孝）公徙櫟邑，【集解】徐廣曰：「在馮翊。」【索隱】上音藥，即櫟陽。櫟邑北卻戎翟，東通三晉，亦多大賈。（武）〔孝〕、昭治咸陽，因以漢都，長安諸陵，四方輻湊並至而會，地小人眾，故其民益玩巧而事末也。南則巴蜀。巴蜀亦沃野，地饒巵、【集解】徐廣曰：「音支。烟支也，紫赤色也。」薑、丹沙、石、銅、鐵、【集解】徐廣曰：「邛都出銅，臨邛出鐵。」竹、木之器。南御滇僰，僰僮。西近邛笮，笮馬、旄牛。然四塞，棧道千里，無所不通，唯襃斜綰轂其口，【集解】徐廣曰：「在漢中。」【索隱】言襃斜道狹，綰其道口，有若車轂之湊，故云「綰轂」也。以所多易所鮮。【索隱】易音亦。鮮音尟。言以所多易其所少。天水、隴西、北地、上郡與關中同俗，然西有羌中之利，北有戎翟之畜，畜牧為天下饒。然地亦窮險，唯京師要其道。【正義】要音腰。言要束其路也。故關中之地，於天下三分之一，而人眾不過什三；然量其富，什居其六。

昔唐人都河東，【集解】徐廣曰：「堯都晉陽也。」殷人都河內，【正義】盤庚都殷墟，地屬河內也。周人都河南。【正義】周自平王已下都洛陽。夫三河在天下之中，若鼎足，王者所更居也，建國各數百千歲，土地小狹，民人眾，都國諸侯所聚會，故其俗纖儉習事。楊、平陽陳【索隱】楊，平陽，二邑名，在趙之西。「陳」蓋衍字。以下有「楊平陽陳掾」，此因衍也。言二邑之人皆西賈於秦、翟，北賈於種、代。種、代在石邑之北也。西賈秦、翟，【正義】賈音古。秦，關內也。翟，隰、石等州部落稽也。延、綏、銀三州皆白翟所居。北賈種、代。【正義】上之勇反。種在恆州石邑縣北，蓋蔚州也。代，今代州。種、代，石北也，【集解】徐廣曰：「石邑縣也，在常山。」地邊

胡，數被寇。人民矜懻忮，【集解】晉灼曰：「懻音慨。忮音堅忮。」瓚曰：「懻音慨。今北土名彊直為『懻中』也。」【索隱】上音冀，下音實。好氣，任俠為姦，不事農商。然迫近北夷，師旅亟往，中國委輸時有奇羨。【索隱】上音羈，下音羊戰反。奇羨謂奇有餘衍也。其民羯羠不均，【集解】徐廣曰：「羠音兒，一音囚几反，皆健羊名。」【索隱】羯音己紇反。羠音慈紀反。徐廣云羠音兒，皆健羊也。其方人性若羊，健捍而不均。自全晉之時固已患其僄悍，而武靈王益厲之，其謠俗猶有趙之風也。故楊、平陽陳掾其閒，【索隱】掾音逐緣反。陳掾猶經營馳逐也。得所欲。溫、軹【索隱】二縣名，屬河內。西賈上黨，【正義】澤、潞等州也。北賈趙、中山。【正義】洛州及定州。中山地薄人眾，猶有沙丘紂淫地餘民，【集解】晉灼曰：「言地薄人眾，猶復有沙丘紂淫地餘民，通係之於淫風而言也。」【正義】沙丘在邢州也。民俗懁急，【集解】徐廣曰：「懁，急也，音絹。一作『儇』，一作『惠』也，音翾也。」【索隱】懁音絹。儇音翾。仰機利而食。丈夫相聚游戲，悲歌忼慨，起則相隨椎剽，【索隱】椎，即追反。椎殺人而剽掠之。休則掘冢作巧姦冶，【集解】徐廣曰：「一作『蠱』。」多美物，【集解】徐廣曰：「美，一作『弄』，一作『椎』。」為倡優。女子則鼓鳴瑟，跕屣，【集解】徐廣曰：「跕音帖。」張晏曰：「跕，屣也。」瓚曰：「躡跟為跕也。」【索隱】上音帖，下所綺反。游媚貴富，入後宮，徧諸侯。

然邯鄲亦漳、河之閒【正義】洺水本名潭水，邯鄲在其地。一都會也。北通燕、涿，南有鄭、衛。鄭、衛俗與趙相類，然近梁、魯，微重而矜節。【集解】徐廣曰：「矜，一作『務』。」濮上之邑徙野王，【集解】徐廣曰：「衛君角徙野王。」【正義】秦拔衛濮陽，徙其君於懷州野王。野王好氣任俠，衛之風也。

夫燕亦勃、碣之閒【正義】勃海、碣石在西北。一都會也。南通齊、趙，東北邊胡。上谷至遼東，地踔遠，【索隱】劉氏上音卓，音勅教反，亦遠騰兒也。人民希，數被寇，大

與趙、代俗相類，而民雕捍^{【索隱】人雕悍。言}少慮，有魚鹽棗栗之饒。^{如雕性之捷捍也。}
北鄰烏桓、^{【索隱】鄰，一作『臨』。臨}夫餘，東綰穢貉、^{【索隱】東綰穢貊。}
^{者，亦卻背之義，他並類此也。}^{案：綰者，綰統其要}
^{津；則上云「臨」}朝鮮、真番之利。^{【正義】}
^{者，謂卻背之。}番音潘。

洛陽東賈齊、魯，南賈梁、楚。故泰山之陽則魯，其陰則齊。

齊帶山海，^{【集解】徐廣曰：「齊世家曰齊自泰山屬之琅邪，}膏壤千里，宜桑
^{北被于海，膏壤二千里，其民闊達多匿智。」}
麻，人民多文綵布帛魚鹽。臨菑亦海岱之閒一都會也。其俗寬緩闊
達，而足智，好議論，地重，難動搖，怯於>鬭，勇於持刺，故多劫
人者，大國之風也。其中具五民。^{【集解】服虔曰：「士農商工賈也。」如淳}
^{曰：「游子樂其俗不復歸，故有五方之民。」}

而鄒、魯濱洙、泗，猶有周公遺風，俗好儒，備於禮，故其民齪
齪。^{【索隱】齪音側角}頗有桑麻之業，無林澤之饒。地小人眾，儉嗇，畏
^{反，又音側斷反。}
罪遠邪。及其衰，好賈趨利，甚於周人。

夫自鴻溝以東，^{【集解】徐 廣}芒、碭以北，^{【集解】徐廣曰：}屬巨
^{曰：「在滎陽。」}^{「今為臨淮。」}
野，^{【正義】鄆州鉅野縣}此梁、宋也。^{【集解】徐廣曰：「今之浚儀。」【正義】}
^{（在）〔有〕鉅野澤也。}^{鴻溝以東，芒、碭以北至鉅野，梁宋}
^{二國之}陶、^{【集解】徐廣曰：「今之定}睢陽^{【正義】今宋}亦一都會也。昔堯作
^{地。}^{陶。」【正義】今曹州。}^{州宋城也。}
（游）〔於〕成陽，^{【集解】如淳曰：「作，}舜漁於雷澤，^{【集解】徐廣曰：「在成}
^{起也。成陽在定陶。」}^{陽。」【正義】澤在雷澤}
^{縣西北}湯止于亳。^{【集解】徐廣曰：「今梁國薄縣。」【正義】}其俗猶有先王遺
^{也。}^{宋州穀熟縣西南四十五里南亳州故城是也。}

風，重厚多君子，好稼穡，雖無山川之饒，能惡衣食，致其蓄藏。

　　越、楚則有三俗。【正義】越滅吳則有江淮以北，楚滅越兼有吳越之地，故言「越楚」也。夫自淮北沛、陳、汝南、南郡，此西楚也。【正義】沛，徐州沛縣也。陳，今陳州也。汝，汝州也。南郡，今荊州也。言從沛郡西至荊州，並西楚也。其俗剽輕，易發怒，地薄，寡於積聚。江陵故郢都，【正義】荊州江陵縣故為郢，楚之都。西通巫、巴，【正義】巫郡、巴郡在江陵之西也。東有雲夢之饒。【集解】徐廣曰：「在華容。」陳在楚夏之交，【正義】夏都陽城。言陳南則楚，西及北則夏，故云「楚夏之交」。通魚鹽之貨，其民多賈。徐、僮、取慮，【集解】徐廣曰：「皆在下邳。」【正義】取音秋，慮音閭。徐即徐城，故徐國也。僮、取慮二縣並在下邳，今泗州。則清刻，矜己諾。【正義】上音紀。

　　彭城以東，東海、吳、廣陵，此東楚也。【正義】彭城，徐州治縣也。東海郡，今海州也。吳，蘇州也。廣陵，楊州也。言從徐州彭城歷楊州至蘇州，並東楚之地。其俗類徐、僮。胊、繒以北，俗則齊。【正義】胊，其俱反。縣在海州。故繒縣在沂州之承縣。言二縣之北，風俗同於齊。浙江南則越。夫吳自闔廬、春申、王濞三人招致天下之喜游子弟，東有海鹽之饒，章山之銅，三江、五湖之利，亦江東一都會也。

　　衡山、【集解】徐廣曰：「都邾。邾，縣，屬江夏。」【正義】故邾城在（潭）〔黃〕州東南百二十里。九江、【正義】九江，郡，都陰陵。陰陵故城在濠州定遠縣西六十五里。江南、【集解】徐廣曰：「高帝所置。江南者，丹陽也，秦時為鄣郡，武帝改名丹陽。」【正義】案：徐說非。秦置鄣郡在湖州長城縣西南八十里，鄣郡故城是也。漢改為丹陽郡，徙郡宛陵，今宣州地也。上言吳有章山之銅，明是東楚之地。此言大江之南豫章長沙二郡，南楚之地耳。徐、裴以為江南丹陽郡屬南楚，誤之甚矣。豫章、【正義】今洪州也。長沙，【正義】今潭州也。十三州志云「有萬里沙祠，而西自湘州至東萊萬里，故曰長沙也」。淮南衡山、九江二郡

及江南豫章、長沙二郡,並為楚也。是南楚也,其俗大類西楚。郢之後徙壽春,【正義】楚考烈王二十二年,自陳徙都壽春,號之曰郢,故言「郢之徙壽春」也。亦一都會也。而合肥受南北潮,【集解】徐廣曰:「在臨淮。」【正義】合肥,縣,廬州治也。言江淮之潮,南北俱至廬州也。皮革、鮑、木輸會也。與閩中、干越雜俗,故南楚好辭,巧說少信。江南卑溼,丈夫早夭。多竹木。豫章出黃金,【集解】徐廣曰:「鄱陽有之。」【正義】括地志云:「江州潯陽縣有黃金山,山出金。」長沙出連、錫,然堇堇【正義】物之音謹。所有,取之不足以更費。【集解】應劭曰:「堇,少也。更,償也。言金少少耳,取之不足用,顧費用也。」九疑、【集解】徐廣曰:「山在營道縣南。」蒼梧以南至儋耳者,【正義】今儋州在海中。廣州南去京七千餘里。言嶺南至儋耳之地,與江南大同俗,而楊州之南,越民多焉。與江南大同俗,而楊越多焉。番禺【正義】潘虞二音。今廣州。亦其一都會也,珠璣、犀、瑇瑁、果、布之湊。【集解】韋昭曰:「果謂龍眼、離支之屬。布,葛布。」

潁川、南陽,夏人之居也。【集解】徐廣曰:「禹居陽翟。」【正義】禹居陽城。潁川、南陽皆夏地也。夏人政尚忠朴,猶有先王之遺風。潁川敦愿。秦末世,遷不軌之民於南陽。南陽西通武關、鄖關,【集解】徐廣曰:「案漢中。一作『隕』字。」【索隱】鄖音雲。【正義】武關在商州。地理志云宛西通武關,而無鄖關。蓋「鄖」當為「洵」。洵水上有關,在金州洵陽縣。徐案漢中,是也。洵,亦作「郇」,與鄖相似也。東南受漢、江、淮。宛亦一都會也。俗雜好事,業多賈。其任俠,交通潁川,故至今謂之「夏人」。

夫天下物所鮮所多,人民謠俗,山東食海鹽,山西食鹽鹵,【正義】謂西方鹹地也。堅且鹹,即出石鹽及池鹽。領南、沙北【正義】謂池漢之北也。固往往出鹽,大體如此矣。

總之，楚越之地，地廣人希，飯稻羹魚，或火耕而水耨，【集解】徐廣曰：「乃遘反。除草也。」【正義】言風草下種，苗生大而草生小，以水灌之，則草死而苗無損也。耨，除草也。果隋【集解】徐廣曰：「地理志作『蓏』。」【索隱】下音徒火反。注蓏音郎果反。【正義】隋，今為「種」，音同，上古少字也。蠃，力和反。果種猶種疊包裹也，今楚越之俗尚有「裹種」之語。楚越水鄉，足螺魚鱉，民多採捕積聚，種疊包裹，煮而食之。班固不曉「裹種」之方言，脩太史公書述地志，乃改云「果蓏蠃蛤」，非太史公意，班氏失之也。蠃蛤，不待賈而足，【正義】賈音古。言楚越地勢饒食，不用他賈而自足，無飢饉之患。地勢饒食，無飢饉之患，以故呰窳【集解】徐廣曰：「音紫。呰窳，苟且墮嬾之謂也。」駰案：應劭曰「呰，弱也」。晉灼曰「窳，病也」。【索隱】上音紫，下音庾。苟且懶惰之謂。應劭云「呰，弱也」。晉灼曰「窳，病也」。【正義】案：食螺蛤等物，故多蠃弱而足病也。淮南子云「古者民食蠃蜯之肉，多疢毒之患」也。偷生，無積聚【正義】言江淮以南有水族，民多食物，朝夕取給以偷生而已。不為積聚，乃多貧也。而多貧。是故江淮以南，無凍餓之人，亦無千金之家。沂、泗水以北，宜五穀桑麻六畜，地小人眾，數被水旱之害，民好畜藏，故秦、夏、梁、魯好農而重民。三河、宛、陳亦然，加以商賈。齊、趙設智巧，仰機利。燕、代田畜而事蠶。

由此觀之，賢人深謀於廊廟，論議朝廷，守信死節隱居巖穴之士設為名高者安歸乎？歸於富厚也。是以廉吏久，久更富，廉賈歸富。【集解】駰案：歸者，取利而不停貨也。富者，人之情性，所不學而俱欲者也。故壯士在軍，攻城先登，陷陣卻敵，斬將搴旗，前蒙矢石，不避湯火之難者，為重賞使也。其在閭巷少年，攻剽椎埋，劫人作姦，掘冢鑄幣，任俠并兼，借交報仇，篡逐幽隱，不避法禁，走死地如騖者，【集解】徐廣曰：「騖，一作『流』。」其實皆為財用耳。今夫趙女鄭姬，設形容，挈鳴琴，揄長袂，躡利屣，【集解】徐廣曰：「揄音臾。屣，一作『跕』。跕音吐協反。屣音山耳反，舞屣也。」目挑心招，【正義】挑音田鳥反。

出不遠千里，不擇老少者，奔富厚也。游閑公子，飾冠劍，連車騎，亦為富貴容也。弋射漁獵，犯晨夜，冒霜雪，馳阬谷，不避猛獸之害，為得味也。博戲馳逐，鬭雞走狗，作色相矜，必爭勝者，重失負也。醫方諸食技術之人，焦神極能，為重糈也。吏士舞文弄法，刻章偽書，不避刀鋸之誅者，沒於賂遺也。農工商賈畜長，固求富益貨也。此有知盡能索耳，終不餘力而讓財矣。

諺曰：「百里不販樵，千里不販糴。」居之一歲，種之以穀；十歲，樹之以木；百歲，來之以德。德者，人物之謂也。今有無秩祿之奉，爵邑之入，而樂與之比者。命曰「素封」。【索隱】謂無爵邑之入，祿秩之奉，則曰「素封」。素，空也。【正義】言不仕之人自有園田收養之給，其利比於封君，故曰「素封」也。封者食租稅，歲率【正義】音律。戶二百。千戶之君【索隱】千戶之邑，戶率二百，故千戶二十萬。則二十萬，朝覲聘享出其中。庶民農工商賈，率亦歲萬【索隱】息二千，故百萬之家亦二十萬。息二千（戶），百萬之家則二十萬，而更傜租賦出其中。衣食之欲，恣所好美矣。故曰陸地牧馬二百蹄，【集解】漢書音義曰：「五十匹。」【索隱】案：馬有四足二百蹄有五十匹也。漢書則云「馬蹄噭千」，所記各異。牛蹄角千，【集解】漢書音義曰：「百六十七頭也。馬貴而牛賤，以此為率。」【索隱】牛足角千。案：馬貴而牛賤，以此為率，則牛有百六十六頭有奇也。千足羊，澤中千足彘，【集解】韋昭曰：「二百五十頭。」【索隱】韋昭云：「二百五十頭。」水居千石魚陂，【集解】徐廣曰：「魚以斤兩為計也。」【索隱】陂音詖。漢書作「皮」，音披。【正義】言陂澤養魚，一歲收得千石魚賣也。山居千章之材。【集解】徐廣曰：「一作『楸』。」駰案：韋昭曰「楸木所以為轅，音秋」。【索隱】漢書作「千章之萩」，音秋。服虔云：「章，方也。」如淳云：「言任方章者千枚，謂章，大材也。」樂產云：「萩，梓木也，可以為轅。」安邑千樹棗；燕、秦千樹栗；蜀、漢、江陵千樹橘；淮北、常山已南，河濟之閒千

樹萩；陳、夏千畝漆；齊、魯千畝桑麻；渭川千畝竹；及名國萬家之城，帶郭千畝畝鍾之田，【集解】徐廣曰：「六斛四斗也。」若千畝巵茜，【集解】徐廣曰：「巵音支，鮮支也。茜音倩，一名紅藍，其花染繒赤黃也。」【索隱】巵音支，鮮支也。茜音倩，一名紅藍花，染繒赤黃也。千畦薑韭：【集解】徐廣曰：「千畦，二十五畝。」駰案：韋昭曰「畦猶隴」【索隱】韋昭云：「埒中畦猶隴也，謂五十畝也。」劉熙注孟子云：「今俗以二十五畝為小畦，五十畝為大畦。」王逸云：「畦猶區也。」此其人皆與千戶侯等。然是富給之資也，不窺市井，不行異邑，坐而待收，身有處士之義而取給焉。若至家貧親老，妻子軟弱，歲時無以祭祀進醵，【集解】徐廣曰：「會聚食。」【索隱】音渠略反。飲食被服不足以自通，如此不慚恥，則無所比矣。是以無財作力，少有鬭智，【正義】言少有錢財，則鬭智巧而求勝也。既饒爭時，【正義】既饒足錢財，乃逐時爭利也。此其大經也。今治生不待危身取給，則賢人勉焉。是故本富為上，末富次之，姦富最下。無巖處奇士之行，而長貧賤，好語仁義，亦足羞也。

凡編戶之民，富相什則卑下之，伯則畏憚之，千則役，萬則僕，物之理也。夫用貧求富，農不如工，工不如商，刺繡文不如倚市門，此言末業，貧者之資也。通邑大都，酤一歲千釀，【正義】釀千瓮。酤醯醋（云）〔也〕。酒酤。醯醬千瓨，【集解】徐廣曰：「長頸罌。」【索隱】醯醢千瓨。閑江反。漿千甔，【集解】徐廣曰：「大罌缶。」【索隱】醬千檐。下都甘反。漢書作「儋」。孟康曰「儋，石罌」。石罌受一石，故云儋石。一音都濫反。屠牛羊彘千皮，販穀糶千鍾，【集解】徐廣曰：「出穀也。」糶音掉也。」薪稾千車，船長千丈，【索隱】按：積數長千丈。木千章，【集解】漢書音義曰：「洪洞方橐。章，材也。舊將作大匠材曰章曹掾。」【索隱】案：將作大匠掌材曰章曹掾。洪，胡孔反；洞音動。又並如字也。竹竿萬个，【集解】徐廣曰：「古賀反。」【索隱】竹干萬个。釋名云：「竹曰箇，木曰枚。」方言曰：「个，枚也。」儀禮、禮記字為「个」。又功臣表「楊僕入竹三萬箇」。箇个古今字也。【正義】釋名云：「竹曰个，木曰枚。」其軺車

百乘，【集解】徐廣曰：「馬車也。」【正義】軺音遙。說文云：「軺，小車也。」牛車千兩，【正義】車一乘為一兩。風俗通云：「箱轅及輪，兩兩而偶之，稱兩也。」木器髤者千枚，【集解】徐廣曰：「髤音休，漆也。」【索隱】髤者千。上音休。謂漆也。千謂千枚也。【正義】顏云「以漆物謂之髤」。又音許昭反。今關東俗器物一再漆者謂之「稍漆」，即髤聲之轉耳。今關西俗云黑髤盤，朱〔髤盤〕，兩義並通。銅器千鈞，【集解】徐廣曰：「三十斤。」素木鐵器若巵茜千石，【集解】徐廣曰：「百二十斤為石。」駰案：漢書音義曰「素木，素器也」。馬蹄躈千，【集解】徐廣曰：「躈音苦弔反，馬八髎也，音料。」【索隱】徐廣音苦弔反，馬八髎也，音料。埤倉云「尻骨謂八髎，一曰夜蹄」。小顏云「噭，口也。蹄與口共千，則為二百匹」。若顧胤則云「上文馬二百蹄，比千乘之家，不容亦二百。則躈謂九竅，通四蹄為十三而成一馬，所謂『生之徒十有三』是也。凡七十六匹馬」。案：亦多於千戶侯比，則不知其所。牛千足，羊彘千雙，僮手指千，【集解】漢書音義曰：「僮，奴婢也。古者無空手游日，皆有作務，作務須手指，故曰手指，以別馬牛蹄角也。」筋角丹沙千斤，其帛絮細布千鈞，文采千匹，榻布皮革千石，【集解】徐廣曰：「榻音吐合反。」駰案：漢書音義曰「榻布，白疊也」。【索隱】荅布。注音吐合反，大顏音吐盍反。案：以為麤厚之布，與皮革同以石而秤，非白疊布也。吳錄云「有九真郡布，名曰白疊」。廣志云「疊，毛織也」。【正義】顏師古曰：「麤厚之布也。其價賤，故與皮革同重耳，非白疊也。荅者，厚之貌也。」案：白疊，木綿所織，非中國有也。漆千斗，【索隱】漢書作「漆大斗」。案：謂大斗，大量也。言滿量千斗，即今之千桶也。糱麴鹽豉千荅，【集解】徐廣曰：「或作『台』，器名有瓵。孫叔然云瓵，瓦器，受斗六升合為瓵。音貽。」【索隱】鹽豉千蓋。下音貽。〔孫〕炎（反）說（文）云「瓵，瓦器，受斗六合」，以解此「蓋」，非也。案：尚書大傳云「文皮千合」，則數兩謂之合也。三倉云「榼，盛鹽豉器，音他果反」，則蓋或榼之異名耳。鮐鮆【集解】漢書音義曰：「音如楚人言薺，鮆魚與鮐魚也。」【索隱】說文云：「鮐，海魚。音胎。鮆魚，飲而不食，刀魚也。」爾雅謂之鮤魚也。鮆音才爾反，又音薺。【正義】鮐音臺，又音貽。說文云「鮐，海魚」也。鮆音齊禮反，刀魚也。千斤，鯫千石，鮑千鈞，【集解】徐廣曰：「鯫音輒，膊魚也。」【索隱】鯫音輒，一音昨苟反。鯫，小魚也。鮑音抱，步飽反，今之鮑魚也。膊音鋪博反。案：破鮑不相離謂之膊，（兒）〔魚〕漬云鮑。聲類及韻集雖為此解，而「鯫生」之字見與此同。案：鯫者，小雜魚也。【正義】鯫音族苟反，謂雜小魚也。鮑，白也。然鮐鮆以斤論，鮑鯫以千鈞論，乃其九倍多，故知鮐是大好者，鯫鮑是雜者也。徐云鯫，膊魚也。膊，並各反。謂破開中頭尾不相離為鮑，謂之膊關者也，此亦大魚為之也。棗栗千石者三之，【索隱】案：三之者，三千石也。必三之者，取類上文故也。以棗栗賤，故三之為三千石也。【正義】謂三千石也。言棗栗三千石乃與上物相等。狐鼦【索隱】下音雕也。【正義】音彫。裘千皮，羔羊裘千石，【索隱】羔羊千石。謂秤皮重千石。旃席千具，佗果菜千鍾，【索隱】果菜千種。千種者，言其多也。【正義】鍾，六斛四斗。果菜謂雜果菜，於山野采取之。子貸金錢千貫，【索隱】案：子謂利息也。

貸音土代反。節駔會，【集解】徐廣曰：「駔音祖朗反，馬儈也。」駰案：漢書音義曰「會亦是儈也。節，節物貴賤也。謂估儈其餘利比千乘之家」【索隱】案：節者，節貴賤也。駔，舊音祖朗反，今音駔。駔者，度牛馬市；云駔儈者，合市也，音古外反。淮南子云「段干木，晉國之大駔」，注云「干木，度市之魁也」。貪賈三之，廉賈五之，【集解】漢書音義曰：「貪賈未當賣而賣，未可買而買，故得利少，而十得三。廉賈貴而賣，賤乃買，故十得五。」此亦比千乘之家，其大率也。【正義】率音律。佗雜業不中什二，則非吾財也。【正義】言雜惡業，而不在什分中得二分之利者，非世之美財也。

請略道當世千里之中，賢人所以富者，令後世得以觀擇焉。

卓氏之先，【集解】徐廣曰：「卓，一作『淖』。」【索隱】注「卓，一作『淖』」，並音踔，一音鬧。淖亦音泥淖，亦是姓，故齊有淖齒，漢有淖蓋，與卓氏同出，或以同音淖也。趙人也，用鐵冶富。秦破趙，遷卓氏。卓氏見虜略，獨夫妻推輦，行詣遷處。諸遷虜少有餘財，爭與吏，求近處，處葭萌。【集解】徐廣曰：「屬廣漢。」【正義】葭萌，今利州縣也。唯卓氏曰：「此地狹薄。吾聞汶山之下，【索隱】汶山下。上音崏也。【正義】汶音珉。沃野，下有蹲鴟，【集解】徐廣曰：「古『蹲』字作『踆』。」駰案：漢書音義曰「水鄉多鴟，其山下有沃野灌溉。一曰大芋」。【正義】蹲鴟，芋也。言邛州臨邛縣其地肥又沃，平野有大芋等也。華陽國志云汶山郡都安縣有大芋如蹲鴟也。至死不飢。民工於市，易賈。」乃求遠遷。致之臨邛，大喜，即鐵山鼓鑄，運籌策，【索隱】漢書云「運籌以賈滇」。傾滇蜀之民，【正義】滇，一作「沮」。漢書亦作「滇（池）〔蜀〕」。今益州郡有蜀州，亦因舊名及漢江為名。江在益州，南入導江，非漢中之漢江也。富至僮千人。【索隱】漢書及相如列傳並云「八百人」也。田池射獵之樂，擬於人君。

程鄭，山東遷虜也，亦冶鑄，賈椎髻之民，【索隱】魋結之人。上音椎髻，謂通賈南越也。富埒卓氏，【索隱】埒者，鄰畔，言鄰相次。俱居臨邛。

宛孔氏之先，梁人也，用鐵冶為業。秦伐魏，遷孔氏南陽。大鼓鑄，規陂池，連車騎，游諸侯，因通商賈之利，有游閑公子之賜與名。【集解】韋昭曰：「優游閑暇也。」【索隱】謂通賜與於游閑公子，得其名。然其贏得過當，愈於纖嗇，【索隱】謂孔氏以資給諸侯公子，既已得賜與之名，又蒙其所得之贏過於本資，故云「過當」，乃勝於細碎儉嗇之賈。纖，細也。方言云「纖，小也。愈，勝也」。【正義】音色。嗇，吝也。言孔氏連車騎，游於諸侯，以資給之，兼通商賈之利，乃得游閑公子交名。然其通計贏利，過於所資給餉遺之當，猶有交游公子雍容，而勝於慳悋也。家致富數千金，故南陽行賈盡法孔氏之雍容。

魯人俗儉嗇，而曹邴氏【索隱】邴音柄也。尤甚，以鐵冶【集解】徐廣曰：「魯縣出鐵。」起，富至巨萬。然家自父兄子孫約，俛有拾，仰有取，貰貸行賈徧郡國。鄒、魯以其故多去文學而趨利者，以曹邴氏也。

齊俗賤奴虜，而刀閒【索隱】上音雕，姓也。閒，如字。【正義】刀，丁遙反，姓名。獨愛貴之。桀黠奴，人之所患也，唯刀閒收取，使之逐漁鹽商賈之利，或連車騎，交守相，然愈益任之。終得其力，起富數千萬。故曰「寧爵毋刀」，【集解】漢書音義曰：「奴自相謂曰：『寧欲免去作民有爵邪？將止為刀氏作奴乎？』毋，發聲語助。」【索隱】案奴自相謂曰：「寧免去求官爵邪？」曰：「無刀。」無刀，相止之辭也，言不去，止為刀氏作奴也。言其能使豪奴自饒而盡其力。

周人既纖，【集解】漢書音義曰：「儉，嗇也。」而師史【索隱】師，姓；史，名。【正義】師史，人姓名。尤甚，轉轂以百數，賈郡國，無所不至。洛陽街居在齊秦楚趙之中，【正義】洛陽在齊秦楚趙之中，其街巷貧人，學於富家，相矜以久賈諸國，皆數歷里邑不入其門，故前云「洛陽東賈齊、魯，南賈梁、楚」是也。貧人學事富家，相矜以

久賈，【集解】漢書音義曰：「謂街巷居民無田地，皆相矜久賈在此諸國也。」數過邑不入門，設任此等，故師史能致七千萬。

宣曲【集解】徐廣曰：「高祖功臣有宣曲侯。」【索隱】韋昭云：「地名。高祖功有宣曲侯。」上林賦云「西馳宣曲」，當在京輔，今闕其地。【正義】案：其地合在關內。張揖云「宣曲宮名，在昆池西也」。任氏之先，為督道倉吏。【集解】漢書音義曰：「若今吏督租穀使上道輸在所也。」韋昭曰：「督道，秦時邊縣名。」秦之敗也，豪傑皆爭取金玉，而任氏獨窖倉粟。【集解】徐廣曰：「窖音校，穿地以藏也。」楚漢相距滎陽也，民不得耕種，米石至萬，而豪傑金玉盡歸任氏，任氏以此起富。富人爭奢侈，而任氏折節為儉，力田畜。田畜人爭取賤賈，【索隱】晉灼云：「爭取賤賈金玉也。」【正義】音價也。任氏獨取貴善。【索隱】謂買物必取貴而善者，不爭賤價也。富者數世。然任公家約，非田畜所出弗衣食，公事不畢則身不得飲酒食肉。以此為閭里率，故富而主上重之。

塞之斥也，【集解】漢書音義曰：「邊塞主斥候卒也。唯此人能致富若此。」【索隱】孟康云：「邊塞主斥候之卒也。」又案：斥，開也，相如傳云「邊塞益斥」是也。【正義】孟康云：「邊塞主斥候卒也。唯此人能致富若此。」顏云：「塞斥者，言國斥開邊塞，更令寬廣，故橋姚得恣其畜牧也。」唯橋姚【索隱】橋姓，姚名。【正義】姓橋，名姚也。已致馬千匹，【索隱】言橋姚因斥塞而致此資。風俗通云：「馬稱匹者，俗說云相馬及君子與人相匹，故云匹。或說馬夜行目照前四丈，故云一匹。或說度馬縱橫適得一匹。」又韓詩外傳云：「孔子與顏回登山，望見一匹練，前有藍，視之果馬，馬光景一匹長也。」牛倍之，羊萬頭，粟以萬鍾計。吳楚七國兵起時，長安中列侯封君行從軍旅，齎貸子錢，【索隱】齎音子稽反。貸，假也，音吐得反。與人物云齎。周禮注「齎所給與」也。子錢家以為侯邑國在關東，關東成敗未決，莫肯與。唯無鹽氏出捐千金貸，【索隱】吐代反。其息什之。【索隱】謂出一得十倍。三月，吳楚平，一歲之中，則無鹽氏之息什倍，用此富埒關中。

　　關中富商大賈，大抵盡諸田，田嗇、田蘭。韋家栗氏，安陵、杜杜氏，【集解】徐廣曰：「安陵及杜，二縣名，各有杜姓也。宣帝以杜為杜陵。」亦巨萬。

　　此其章章尤異者也。【集解】徐廣曰：「異，一作『淑』，又作『較』。」皆非有爵邑奉祿弄法犯姦而富，盡椎埋去就，與時俯仰，獲其贏利，以末致財，用本守之，以武一切，用文持之，變化有概，故足術也。若至力農畜，工虞商賈，為權利以成富，大者傾郡，中者傾縣，下者傾鄉里者，不可勝數。

　　關中富商大賈，大抵盡諸田，田嗇、田蘭。韋家栗氏，安陵、杜杜氏，【集解】徐廣曰：「安陵及杜，二縣名，各有杜姓也。宣帝以杜為杜陵。」亦巨萬。

　　此其章章尤異者也。【集解】徐廣曰：「異，一作『淑』，又作『較』。」皆非有爵邑奉祿弄法犯姦而富，盡椎埋去就，與時俯仰，獲其贏利，以末致財，用本守之，以武一切，用文持之，變化有概，故足術也。若至力農畜，工虞商賈，為權利以成富，大者傾郡，中者傾縣，下者傾鄉里者，不可勝數。

　　夫纖嗇筋力，治生之正道也，而富者必用奇勝。田農，掘業，【集解】徐廣曰：「古『拙』字亦作『掘』也。」而秦揚以蓋一州。【索隱】漢書作「甲一州」。服虔云：「富為州之中第一。」掘冢，姦事也，而田叔以起。博戲，惡業也，而桓發【索隱】漢書作「稽發」。【正義】桓發，人姓名。用（之）富。行賈，丈夫賤行也，而雍樂成以饒。販脂，【正義】說文云「戴角者脂，無角者膏」辱處也，而雍伯千金。【集解】徐廣曰：「雍，一作『翁』。」【索隱】雍，於恭反。漢書作「翁伯」也。賣漿，

小業也，而張氏千萬。洒削，【集解】徐廣曰：「洒，或作『細』。」駰案：漢書音義曰「治刀劍名」。【索隱】上音先禮反，削刀者名。洒削，謂摩刀以水洒之。又方言云「劍削，關東謂之削，音肖」。削，一依字讀也。薄技也，而郅氏鼎食。胃脯，【索隱】晉灼云：「太官常以十月作沸湯燖羊胃，以末椒薑粉之訖，暴使燥，則謂之脯，故易售而致富。」【正義】案：胃脯謂和五味而脯美，故易售。簡微耳，濁氏連騎。馬醫，淺方，張里擊鍾。此皆誠壹之所致。

由是觀之，富無經業，則貨無常主，能者輻湊，不肖者瓦解。千金之家比一都之君，巨萬者乃與王者同樂。豈所謂「素封」者邪？非也？

【索隱述贊】貨殖之利，工商是營。廢居善積，倚市邪贏。白圭富國，計然強兵。倮參朝請，女築懷清。素封千戶，卓鄭齊名。

後記

　　本書的構想緣起於二〇〇一年，當年修讀先師宋敘五老師開設的中國經濟史，以及旁聽他的西洋經濟史、比較經濟制度之時。宋師於上世紀六〇年代畢業於新亞書院經濟系，師承經濟學家張丕介、經濟史家全漢昇兩位先生，而宋師的思路大概是繼承了古典學派的一套。宋師在課上提出許多創新的論斷，尤其是他介紹其早在一九六〇年代撰寫一篇關於司馬遷經濟思想與古典學派比較的文章，分析亞當斯密與太史公之異同，使我大開眼界。此文對我影響極深，也促成我多年後撰寫本書。

　　歷史學者多重敘述史事，而我則偏向解釋現象，就是受到宋師的啟迪。

　　多年後，動筆撰寫本書，許多想法與當年已是南轅北轍。宋師注重經濟思想對經濟發展的影響，而我更重視中國文化產生的交易費用對經濟行為之關係，以及受到中研院近史所林滿紅先生著作的影響，在凱因斯與海耶克主義的比較視野下觀察中國歷史。最近，我更關心的是經濟史上的干預主義，如何導致獨裁傾向的實證研究。研究路徑與昔年不可同日而語。

　　二〇〇九年起，動筆撰寫本書，為期三年，導論則寫於二〇一六年仲夏。數年來，思路已有許多轉變，但出版時沒有對本書作大幅改動，一如凱因思出版《貨幣改革論》般，要為自己思想改變留下一點紀錄。在此，必須感謝張玉春老師的指導，張師長年受日本京都學派訓練，對版本運用、史料考證都有深厚的研究，在他門下學習，促使

我更重視文獻的運用，終身受益。還有，蒙明代經濟史家楊永漢博士悉心安排，蔡雅如編輯的細心校對，本書才得以出版。自考進新亞研究所學習經濟史以來，張偉保老師多年來對我治學多番鼓勵，我學院長David Lux對我從事學術研究予以極大的支持，也一併致謝。本書獲得近代經濟史的專家，清華大學歷史系倪玉平教授的推薦，更是難能可貴。

最後，謹以本書獻給先師宋敘五教授。

史學研究叢書·歷史文化叢刊 0602013

司馬遷的經濟史與經濟思想——中國的自由經濟主義者

Pioneer of Liberty Economy in Chinese History: the Economic Thoughts of Sima Qian

作　　者	趙善軒	Gavin Sin Hin Chiu
責任編輯	蔡雅如	Ya-Ju TSAI
特約校稿	林秋芬	Chiu-Fen LIN

發 行 人	林慶彰	Cing-Jhang LIN
總 經 理	梁錦興	Chin-Hsing LIANG
總 編 輯	張晏瑞	Yen-Jui CHANG
編 輯 所	萬卷樓圖書股份有限公司	

WanJuanLou Books CO., Ltd

臺北市羅斯福路二段 41 號 6 樓之 3

電話 (02)23216565 傳真 (02)23218698

發　　行　萬卷樓圖書股份有限公司

WanJuanLou Books CO., Ltd

臺北市羅斯福路二段 41 號 6 樓之 3

電話 (02)23216565 傳真 (02)23218698

電郵 SERVICE@WANJUAN.COM.TW

香港經銷　香港聯合書刊物流有限公司

SUP Publishing Logistics (HK) Limited

電話 (852)21502100

ISBN 978-986-478-030-3

2017 年 6 月初版二刷

2017 年 1 月初版

定價：新臺幣 320 元

如何購買本書：

1. 劃撥購書，請透過以下郵政劃撥帳號：

　帳號：15624015

　戶名：萬卷樓圖書股份有限公司

2. 轉帳購書，請透過以下帳戶

　合作金庫銀行 古亭分行

　戶名：萬卷樓圖書股份有限公司

　帳號：0877717092596

3. 網路購書，請透過萬卷樓網站

　網址 WWW.WANJUAN.COM.TW

大量購書，請直接聯繫我們，將有專人為

您服務。客服：(02)23216565 分機 610

如有缺頁、破損或裝訂錯誤，請寄回更換

版權所有·翻印必究

Copyright©2017 by WanJuanLou Books CO., Ltd.

All Rights Reserved　　　　**Printed in Taiwan**

國家圖書館出版品預行編目資料

司馬遷的經濟史與經濟思想：中國的自由經
濟主義者 / 趙善軒著. -- 初版. -- 臺北市：萬
卷樓, 2017.01

　　面；　公分. -- (史學研究叢書. 歷史文化叢
刊)

ISBN 978-986-478-030-3(平裝)

1.(漢)司馬遷 2.史記 3.經濟思想 4.研究考訂

610.11　　　　　　　　　　105016928